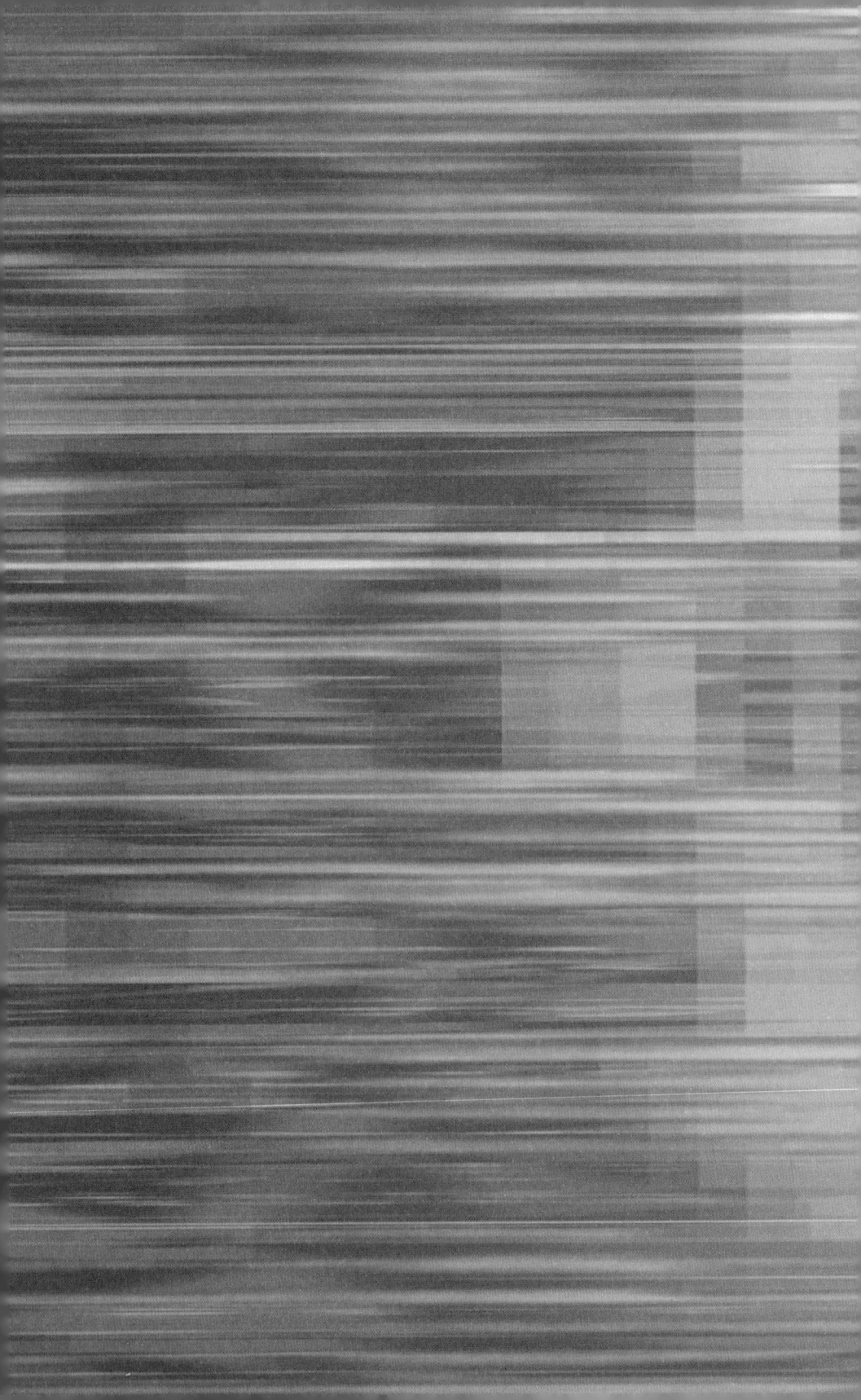

主　编　蒋　平
副主编　陆　娟

计算机犯罪
与电子取证研究

社会科学文献出版社
SOCIAL SCIENCES ACADEMIC PRESS (CHINA)

序

　　计算机、信息网络的迅速普及以及我国信息化的快速发展，引领了政治、经济、文化和社会生活各个领域的变革，给我国社会注入了巨大活力。同时，在信息活动领域中，利用计算机信息系统或计算机信息技术作为手段，或者针对计算机信息系统以及网络安全，实施各种破坏甚至犯罪的现象也不容忽视，各类层出不穷的计算机犯罪、网络攻击与破坏、信息窃密等事件，已经成为严重影响国家安全、社会稳定、经济发展的重要因素之一。

　　研究小组相关作者自1995年以来，围绕计算机犯罪与电子取证展开了多方位的研究，相继开展了一系列讲座，并发表了一系列文章，现结集出版，意在向广大研究者和学术界提供一些目录性、连续性和渐进式的资料参考，也从一个侧面反映我国在相关领域的研究缩影。全书包括五部分内容：计算机犯罪基本概念、计算机犯罪现状与趋势、中国计算机犯罪状况、计算机犯罪案件侦查、计算机犯罪与电子取证。其中有些文章由于发表时间较早，观点略显陈旧，资料略显单薄，方法略显单一，但为了保持原貌，本次结集未做较大修改，请专家学者和各界人士批评指正。

编者

2017 年 6 月

目录

计算机犯罪基本概念 / 001
- 计算机犯罪概念的演变与理解 / 003
- 计算机犯罪初探 / 012
- 计算机犯罪的"黑数"及统计差异 / 022
- 计算机犯罪的类型探讨 / 028

计算机犯罪现状与趋势 / 037
- 国外计算机犯罪的现状 / 039
- 计算机犯罪趋势分析 / 048

中国计算机犯罪状况 / 057
- 我国计算机网络犯罪的基本现状 / 059
- 我国计算机犯罪的状况分析 / 067
- 中国与世界主要发达国家计算机犯罪的比较研究 / 077

计算机犯罪案件侦查 / 105
- 计算机违法犯罪的立案 / 107
- 论计算机犯罪案件的管辖分工 / 119
- 计算机犯罪的类型及侦查策略初探 / 127
- 利用信息网络实施寻衅滋事犯罪的限制解释 / 138

网络游戏赌博法律适用问题分析　　　　　　　　　　／151
浅析网络违法案件的分类及网络诽谤案件的调查取证　　／163

计算机犯罪与电子取证　　　　　　　　　　　　／173

电子证据的形式效力及认定　　　　　　　　　　　／175
电子证据的收集与保全　　　　　　　　　　　　　／186
电子证据的发展历程及应用思考　　　　　　　　　／203

后　记　　　　　　　　　　　　　　　　　　　／227

计算机犯罪基本概念

这部分内容整理了计算机犯罪基本概念方面的研究成果，共收集了四篇文章：《计算机犯罪概念的演变与理解》《计算机犯罪初探》《计算机犯罪的"黑数"及统计差异》以及《计算机犯罪的类型探讨》。

以上文章介绍了计算机犯罪的概念、类型及特点等，讨论了计算机犯罪"黑数"问题，指出只有有针对性地制定防范和打击计算机犯罪的策略，才能有效地预防犯罪，及时打击犯罪。

计算机犯罪概念的演变与理解

计算机犯罪在国外已有几十年历史了,但在我国却是近年来才出现的一种新的犯罪形式。从 1986 年深圳市公安机关侦破第一起利用计算机盗窃储户存款案以来,全国各地公安机关立案侦查的计算机违法犯罪案件数量不断增加。因而,国内学术界、司法界以及新闻界围绕计算机犯罪的概念问题进行过激烈的争论,有的从逻辑上判定"计算机犯罪"根本不成立,因为计算机是物,不能成为犯罪主体,何以犯罪;有的从刑法学角度上判定我国没有典型意义上的计算机犯罪,因为《刑法》上没有明确的界定条款(1997 年《刑法》修订之前);有的从犯罪学角度认为计算机犯罪比比皆是,因为随着计算机的普及,各行各业都会涉及计算机,即使没有直接联系,也有间接关系。以上这些观点都有其合理之处,但是他们只看到了计算机犯罪的一面。那么,究竟应当如何全面理解计算机犯罪的概念呢?在此,笔者想发表一管之见。

一 计算机犯罪概念的演变

现代计算机起源于军事应用,因而最早的计算机犯罪发生在军事部门,且与计算机充当什么角色、担负什么作用有关。例如,如果计算机是用来处理军事信息的,那么犯罪的目标就可能是泄密、窃密等。由于军事部门是各国重要的机密机构,即使发生犯罪案件也不会公之于众,所以我们很难找到最早的计算机犯罪案件记录。同时，从法律的角度来看，计算机在犯罪的实施过程中充其量是工具和对象，不可能是犯罪主体，因而在计算机犯罪的早期阶段，也不可能被当成一类独立的犯罪来看待。

从20世纪50年代起，计算机应用开始由军事部门向金融、政府、科研等领域辐射。金融领域是金钱和财富最为集中的地方，因而在该领域利用计算机诈骗钱财就成了计算机犯罪分子的首选目标。英国计算机安全专家阿德瑞·诺曼（Adrian R. D. Norman）在《计算机不安全》一书中详细介绍了1953至1982年世界各地发生的107起"计算机不安全事件"，其中被作者划为"犯罪类"的案件共67起，而诈骗案件就有44起，约占66%。

截至1993年，作为英国最主要的信息发布机构之一的审计委员会（Audit Commission）发布了四份关于计算机犯罪的报告，每一份公布的都是三年内英国的计算机犯罪情况。第一份发表于1982年，公布了1978至1981年英国的计算机犯罪情况；第二份发表于1985年，公布了1981至1984年英国的计算机犯罪情况；第三份发表于1987年，公布了1984至1987年英国的计算机犯罪情况；第四份发表于1991年，公布了1987至1990年英国的计算机犯罪情况。第一、二份报告的标题为"计算机诈骗"，从第三份起标题改为"计算机诈骗和滥用"。因而，英国早期的计算机犯罪概念基本上是指利用计算机进行诈骗活动。英国审计委员会从刑事法律的角度将其界定为"任何试图通过计算机获取钱财的诈骗行为"，并将利用信用卡骗钱也列入其中。英国审计委员会还进一步确定了计算机犯罪可能经历的三个阶段，即输入诈骗、输出诈骗和程序诈骗。

与此同时，欧盟也对计算机犯罪进行了界定，即"输入、修改、删除或隐藏计算机数据或程序，干扰数据处理过程，由此影响数据处理结果，达到为自己或他人谋求非法利益而使别人受到经济或财产损失的行为"。

20世纪80年代中期以后，随着个人电脑的发明及电脑性能的不断提高，计算机的应用领域不断扩大，许多企业和机构对计算机的依赖程度日益增加，计算机犯罪的领域、方式以及手段都出现了一些与传统犯罪有质的差异的新特点，当时的法律在惩处这类犯罪时遇到了很多困难。因而，有的学者和执法人员提出了"电脑滥用"的概念，认为"电脑滥用"就是计算机犯罪。

20世纪90年代，互联网飞速发展。计算机网络的发展使计算机犯罪概念逐步演变为网络犯罪或信息犯罪。利用网络窃取国家政治、军事以及商业秘密，销售毒品，传播黄色淫秽物品，侵犯知识产权和个人隐私以及洗黑钱等，都逐渐增多。美国于1996年夏天成立了一个专门委员会，以对付网络上的计算机恐怖分子。德国要求互联网接入服务提供者禁止传播有关性和新纳粹的材料。新加坡政府要求网络接入服务提供者对涉及性、宗教和政治的内容进行审查，以掌握包括对书籍、电影和政治活动等加以限制的社会控制权。此外，在新加坡，一些政党在网络上提供的信息内容也需要得到政府的许可，并不得与网络上传播的可能会引发宗教和政治动荡的材料的外来网点接通。中国香港也拟修订原有法律以管制计算机网络传送有害信息。我国于1994年2月颁布了第一部计算机安全法规，即《中华人民共和国计算机信息系统安全保护条例》，明确规定该条例的保护对象是联网运行的计算机。

由此可见，计算机犯罪有两个演变方向：一是由针对钱财的犯罪逐步向针对多领域的犯罪发展；二是由单机犯罪逐步向网络犯罪发展。

二　计算机犯罪术语的理解

计算机犯罪作为一个名词、一个术语，至少可以从三个角度加以理解，即语法角度、法学角度及技术角度。从语法角度看，计算机犯罪在英语中有两种称谓，即 Computer Crime 和 Computer-RelatedCrime，我国一些译者将其统译为"计算机犯罪"。事实上，在英语国家中，这两个词所表达的意义基本相同，经常会被研究者和执法部门交叉使用。甚至在《国际犯罪政策概览——联合国关于预防和控制计算机犯罪手册》（*International Criminal Policy Review – United Nations Manual On the Prevention and Control of Computer – Related Crime*）中，这两个词也常被交叉使用。因而，在讨论计算机犯罪时，应尽量克服文字表述理解上的障碍，不要因文字表述不同而产生不必要的争议。例如，根据汉语翻译，可能会出现"计算机犯罪""与计算机相关的犯罪""计算机应用产生的犯罪"以及"计算机带来的犯罪"等多种翻译结果，并由此各执一词，自成一派，其实大可不必。至于有人从逻辑上判定"计算机犯罪"这个词用法不妥，认为计算机是物，不可能成为犯罪主体等，更不应该成为争论的热点。事实上，这只是一个约定俗成的问题，也是我国语言的一个特点，例如从前的许多典故后来都转为了另有所指的成语。此外，这个概念用词精练，已为多数国家所接受。

从法学角度看，计算机犯罪还具有法学上的含义。法学是一个覆盖面很广的学科，包括犯罪学、刑法学、刑事侦查学、犯罪侦查学、法医学、预审学等。因而，在研究计算机犯罪时，可以从多学科多角度加以考察。1997年3月14日重新修订的《中华人民共和国刑法》（以下简称《刑法》）在八届人大五次会议上通过后，从刑法意义上理解计算机犯罪已不成问题。但还需要从法学的其他分支和角度理解计算机犯罪，不能仅将研究视线放在《刑法》上，否则既不利于学术研究，也不利于打击和预防计算机犯罪。

从技术角度看，计算机犯罪是当前典型的高科技犯罪，研究、打击与侦破计算机犯罪也必须使用相应的技术手段，需要高科技知识。尤其是在研究如何控制和预防计算机犯罪时，更需要高深的技术。因而，除了从社会科学角度理解计算机犯罪的概念外，还可以从技术角度对之加以讨论、研究。

三　计算机犯罪概念的表述

研究犯罪的角度很多，相应地对之进行界定的出发点和方法也很多，例如可以从刑法学、犯罪学、社会学、生物学、伦理学、人类学等角度研究和界定犯罪。同样，研究和界定计算机犯罪也是如此。笔者认为，正确区分和界定计算机犯罪在法律和技术层面上的概念，将有助于我们加深对计算机犯罪的认识，以制定预防、控制和打击计算机犯罪的策略。

四　刑法意义上的计算机犯罪概念

我国在1997年《刑法》修订前，实际上并没有刑法意义上的计算机犯罪概念，至于司法部门和学者们所做的界定和表述，只是根据当时的有关法律从学理角度进行的探讨。1997年《刑法》修订后，我国才有了真正刑法意义上的计算机犯罪概念。抽象地看，计算机犯罪就是我国《刑法》规定的应受刑罚处罚的犯罪行为。具体地说，凡触犯了全国人民代表大会于1997年3月14日修订的《刑法》（当年10月1日施行）第285条、286条规定的，就是计算机犯罪。

《刑法》第285条规定："违反国家规定，侵入国家事务、国防建设、技术领域的计算机信息系统的，处三年以下有期徒刑或者拘役。"第286条规定："违反国家规定，对计算机信息系统功能进行删除、修改、增加、干扰，造成计算机信息系统不能正常运行，处五年以下有期徒刑或者拘役；后果特别严重的，处五年以上有期徒刑。违反国家规定，对计算机信息系统中存储、处理或者传输的数据和应用程序进行删除、修改、增加的操作，后果严重的，依照前款的规定处罚。故意制作、传播计算机病毒等破坏性程序，影响计算机信息系统正常运行，后果严重的，依照第一款的规定处罚。"第287条规定："利用计算机实施金融诈骗、盗窃、贪污挪用公款、窃取国家秘密或者其他犯罪的，依照本法有关规定定罪处罚。"由于第287条规定了利用计算机进行传统犯罪的，仍按传统罪名定罪量刑，因而《刑法》中实际用来惩处计算机犯罪的条款只有第285条和第286条。

最高人民法院在1998年发布的《关于确定犯罪罪名的司法解释》中，明确将《刑法》第285条和第286条的罪名分别概括为"非法侵入计算机信息系统罪"和"破坏计算机信息系统罪"。如果将这两个罪名进行刑法意义上的表述，可概括为：非法侵入受国家保护的重要计算机信息系统以及破坏计算机信息系统并造成严重后果的应受刑罚处罚的危害社会的行为。简言之，即"侵入或破坏计算机信息系统的犯罪行为"。犯罪客体是社会管理秩序，直接客体是信息系统安全运行秩序；犯罪的客观方面是对计算机信息系统实施了侵入，对其功能、数据、程序及其运行实施了破坏；犯罪主体是以"白领"居多的一般主体；犯罪的主观方面是故意。

1998年10月，设在天津港南疆港区的天津壳牌润滑油有限公司经理江某报案，称其所用的一部电脑上网费用由原先的每月30元，在半年里逐月猛涨，已达每月6000元，怀疑有人盗用其上网密码并无偿使用。经天津港公安机关立案侦查发现：1997年4月，犯罪分子罗某根据网上"电脑黑客俱乐部"所传授的破译密码方法，破译了电脑网络公用区中出现的天津数字通信局的一个"用户目录文件"上显示的大量的用户字头和乱码中的十几个密码，其中江某的密码上网操作最为简便，于是罗某将此密码告诉胡某，胡某又传给其他网友，如此"传销"式的传播，使江某的密码先后被13个人使用，给江某造成约15万元的损失。1999年7月29日，重庆某大学计算机系本科生杜某编写了一个名为"病毒"的程序，这是第一起在国内编写"黑客"程序的案件。它本身属于"特洛伊木马"程序，再加上病毒，属于较严重的文件型电脑病毒，以邮件品形式通过软盘和互联网传播。计算机被感染后往往无征兆即可突然被激活，硬盘中便会出现"火.YAI"文件，这种病毒破坏力和感染力较强。在这个案件中，杜某的行为是典型的故意制作、传播计算机病毒的犯罪行为。

五 犯罪学上的计算机犯罪概念

依据国内外犯罪学对犯罪的定义及我国对犯罪学的研究，参考国内外计算机安全专家对计算机犯罪的界定，我国现阶段从犯罪学角度研究计算机犯罪应该有广泛的视野，并要考虑方方面面的因素。犯罪学上的计算机犯罪概念可表示针对或利用计算机信息系统及其所处理的信息而实施的违法犯罪或将来可能发展为违法犯罪的具有社会危害性的行为。

这个概念包括三层含义：①不明确实施犯罪的具体手段，只要是针对或利用计算机信息系统或所处理的信息所实施的犯罪，如擅自中断计算机网络或者信息通信服务等行为，都应划入计算机犯罪的研究范畴。2000年5月，犯罪嫌疑人肖某在家中用黑客程序扫描并攻击某市3个网吧的计算机信息系统，致使这些网吧的计算机信息系统速度减慢，甚至死机，不能正常运行。1999年6月19日下午，上海某信息网一用户登录到该单位邮件服务器，利用该服务器转发了4000封电子邮件，导致服务器严重过载，中断电子邮件服务两天。②对系统的非授权访问、存取及破坏其功能、应用程序、处理信息、工作环节或网络部件等行为，应列入计算机犯罪研究范畴。比如毁坏计算机硬件、焚烧计算机机房等物理破坏。尽管对物理破坏的犯罪进行处罚可能只将其视为一般的财物破坏，定罪量刑也不考虑计算机因素，但首先它是从刑法角度认定犯罪的，与从犯罪学角度进行研究不矛盾；其次这类外表是毁坏计算机硬件设备的犯罪也可能与真正的计算机犯罪有直接的联系，如破坏现场、逃避打击等。如2000年9月，某市银行储蓄所发生火灾。大火扑灭后发现所内作为服务器用的计算机严重损坏。经查，大火原来是该所储蓄员利用计算机侵吞公款后为销毁证据而为。③将目前看可能是一种误用或不良品行，但从长远看可能发展为对社会具有危害性的行为，也列入计算机犯罪的研究范畴，以便超前制定对策措施。如青少年上网浏览有害信息，或发布不实消息等轻微违法行为。

实际上，犯罪学上的计算机犯罪概念，不但是犯罪外延的横向扩大，而且是处罚程度的纵向延伸，既包括受刑罚处罚的犯罪行为，也包括受行政处罚的违法行为和受行政处分的违规违纪行为。

六 技术形态上的计算机犯罪概念

从技术角度讨论计算机犯罪，关注的主要是其技术手段。因而，计算机犯罪概念可表述为：凡运用计算机知识和技术实施的危害社会的行为，就是计算机犯罪。在欧洲，许多国家都非常注重技术形态上的计算机犯罪。从目前我国计算机违法犯罪情况来看，计算机犯罪是一种具有代表性的高科技犯罪，因而从技术形态上讨论和研究计算机犯罪，有助于研究计算机犯罪的技术手段，从而采取相应的技术对策。如根据美国学者帕克的"犯罪手段十七种类型"，我们可以有针对性地研究反计算机犯罪的十七类技术对策。

以计算机安全技术作为参照物，我国已发生的计算机犯罪可分为以下四类：一是突破系统环境技术防范机制的直接或间接犯罪，包括非法进入机房操作计算机、利用技术设备拦截电磁信号、利用技术手段阻挡信息传输等；二是逾越访问控制机制实施各类犯罪，包括偷窃、猜测、绕过、闯过各类口令及防火墙和虚拟专用网（VPN）控制区；三是破译密码实施各类犯罪，包括截取、盗窃、破解各类算法；四是制造、传播或利用非正常程序实施犯罪，包括病毒、定时炸弹、逻辑炸弹以及其他非系统所需程序。

1999年6月17日，丹阳市某派出所接到某酒店报案称，该酒店电脑程序遭人破坏。经警方调查证明，该酒店电脑程序被南京某电脑技术员郑某破坏。6月2日，郑某以对电脑软件版本进行升级为名，进入该酒店微机房，并在电脑服务器上写入了一套破坏性程序。事后，郑某多次打电话给酒店，威逼酒店立即付款2万元，否则其设计的破坏性程序将于6月15日凌晨发作。酒店认为自己与郑某所在的公司无直接合同关系，故拒绝付款。6月15日凌晨，酒店电脑中的破坏性程序发作，导致系统内原始数据丢失，造成了严重的经济损失。

可以看出，如果能根据以上四种情况，有针对性地制定防范和打击计算机犯罪的策略，不但能有效地预防犯罪，也能及时打击犯罪。只有始终注意研究技术形态上的计算机犯罪，我们才能做到"魔高一尺，道高一丈"。

（作者：蒋平，本文原载于《信息网络安全》2002年第2期）

计算机犯罪初探

计算机犯罪在经济发达的西方国家已成为一个严重的社会问题。我国自1986年在深圳发生第一起计算机犯罪大案以来，案件数量呈直线上升趋势，性质日益严重，造成的社会危害不断增大。本文拟对我国计算机犯罪类型、特点、趋势、社会危害及其对策发表一管之见，以期抛砖引玉。

一　什么是计算机犯罪

什么是计算机犯罪？怎样界定计算机犯罪？这是揭示我国计算机犯罪现状、认识其危害、探讨其对策所必须弄清楚的首要问题。从世界范围看，由于各国对计算机犯罪的形态看法不一致，因而界定计算机犯罪的标准也有所不同，如法国在《刑法》中将"凡以欺骗手段打入或控制整个或部分数据自动处理系统的行为；有意无视第三者权利，阻碍数据自动处理系统工作或使其发生错误的行为；有意无视第三者权利，直接或间接地将数据植入系统中，或者消除、修改自动处理系统原有数据，或消除、修改处理系统数据处理或传播方式的行为"[1] 等，列入刑事犯罪范畴。很显然，法国所谓的计算机犯罪主要是指对计算机系统中数据的破坏。1984年，美国颁布了《计算机诈骗与滥用法》，将利用计算

---

[1] 参见天津市公安局计算机管理监察处编《计算机安全管理与监察》，1992年。

机储存信息进行诈骗和滥用数据列入犯罪范畴。

尽管各国界定计算机犯罪的标准不尽一致，但归纳起来大体上可分为广义和狭义两类。广义的计算机犯罪是指凡以计算机为犯罪工具或以计算机为犯罪目的的所有犯罪行为。狭义的计算机犯罪是指与计算机数据处理有关的故意违法的财产破坏行为。笔者认为，广义的计算机犯罪将一切与计算机有关的犯罪行业都划入其中，比如人为破坏计算机硬件设备等，范围过宽；狭义的计算机犯罪将计算机犯罪对象仅局限于数据处理，将犯罪后果局限于对财产的破坏，范围过窄。

在我国现阶段，给计算机犯罪下一个比较准确的定义，既是一个法律问题，也是一个科技问题，更是一个不容忽视的现实问题。如果定义准确，将有助于司法部门有效地打击计算机犯罪；如果定义不准确，既可能放纵一些计算机犯罪行为，也有可能造成一些"冤、假、错"案。为此，我国计算机安全监察工作者经过研究，对计算机犯罪作了如下界定："运用计算机技术和知识，利用计算机作为工具，针对计算机资产实施的危害社会的行为。"[1] 这个界定的内涵比较具体，但其外延似乎过宽，如犯罪分子偷盗计算机硬件设备也被划为计算机犯罪。

计算机犯罪虽然是一种特殊形态的刑事犯罪，但它也应具有我国《刑法》所规定的"犯罪"的基本特征，只有这样，处罚计算机犯罪才能与《刑法》衔接，对不具有"犯罪"基本特征的利用计算机违法的行为，应纳入行政法的管理范畴，不能将行政违法和刑事犯罪混为一谈。1994年2月18日，李鹏总理签署颁布了中国第一部计算机法，即《中华人民共和国计算机信息系统安全保护条例》，这个条例就是行政处罚的依据。因而，笔者认为，计算机犯罪可作这样表述：达到法定责任年龄、具有责任能力的

---

[1] 参见天津市公安局计算机管理监察处编《计算机安全管理与监察》，1992年。

自然人，利用计算机及其技术作为工具，针对国家、集体、公民个人的计算机数据及其网络等所实施的危害社会的行为。这里包括两层意思：一是将利用计算机及其技术作为手段所实施的危害社会的行为列入计算机犯罪，比如，利用计算机及其技术贪污、挪用和盗窃公私财物，制造、传播或销售计算机病毒、黄色软件和编制犯罪方案等；二是将针对计算机数据及其网络所实施的破坏活动列入计算机犯罪，比如，擅自修改、删除、转发他人计算机数据，使计算机网络瘫痪等。

二 我国计算机犯罪的特点及未来发展趋势

计算机犯罪除了具有一般刑事犯罪的特征外，还有其自身的特点：

1. 以侵财为主要目的

在我国目前已破获的计算机犯罪案件中，除少数是出于报复等动机外，绝大多数是以盗窃、贪污和挪用公款等方式侵吞公私钱财。据不完全统计，在近几年发生的上百起计算机犯罪案件中，金融系统内的犯罪占70%，犯罪分子都是为了钱铤而走险的。

2. 犯罪手段具有很大的隐藏性

虽然计算机在我国的应用已很普遍，但全民的计算机水平还很低，很多单位虽然引进和使用计算机技术，但单位的负责人往往不懂计算机。有的单位因为只有少数几个人懂计算机而出现技术垄断状况，这些人犯了罪，也不容易被发现，即使发现了疑点，也往往因找不出证据而听之任之。南京某证券公司计算机程序员马某在短短几个月内作案16次，挪用公款80多万元，最后是他自己"大意失荆州"，才锒铛入狱的。据计算机安全部门的专家估计，全国虽已破获了上百起计算机犯罪大案，但隐案数肯定远远大于这个数字。

3. 犯罪分子多为既懂业务又懂计算机技术的内部工作人员

计算机是一种先进的工具，在应用中既要有特定的程序，又要与具体部门业务紧密相连，只懂技术不懂业务或只懂业务不懂技术的人都很难实施犯罪，因而，实施计算机犯罪的绝大多数都是单位内部既懂业务又懂技术的工作人员，或者是搞技术的和搞业务的相互勾结，共同作案。如证券公司发生的利用计算机挪用公款炒股案件，绝大部分是前台工作人员与后台计算机操作员共同实施的犯罪。犯罪分子中以年轻的大中专毕业生居多，这些人由于放松了思想教育，滋生了金钱至上主义、享乐主义的思想，自控能力较差。

4. 侦破难度较大

计算机犯罪是典型的高科技犯罪，由于缺乏一般刑事案件所具有的物理的可感知的现场，侦查起来困难重重。目前，此类案件大多被列为经济犯罪，一般由检察机关侦办。但检察机关往往由于缺乏计算机方面的人才和必要的侦查手段，办案只能依据犯罪分子的口供被动地调查、寻找证据，因而，在损失数量、作案次数的认定和案件的定性等问题上都有一定难度。如华东某市检察院为了办理一起发生在某证券公司的计算机犯罪案件，派两名办案人员进驻单位一个多月，一边学电脑，一边找证据。据办案人员自己称，最后在对犯罪分子作案次数的认定和案件定性问题上，仍然有很多疑点。

随着改革开放的进一步深入，市场经济的进一步繁荣，计算机的日益普及，计算机犯罪将有增无减。在今后若干年内，我国计算机犯罪的总趋势是：利用计算机网络作案率将上升，国际计算机犯罪将迅速渗透我国，犯罪人员更趋社会化，非技术性、专业化的人员利用工作之便也可能作案；犯罪手段将更趋隐蔽化、复杂化；计算机犯罪的政治因素将增加，境内外敌对势力可能利用计算机信息系统攻击我国，甚至用计算机犯罪达到军事目的，实施"超级侵略"。具体地说，我国未来的计算机犯罪将有以下几个特征。

（1）利用计算机侵财在其他形式的侵财案件中所占的比重将逐步增大。

随着我国高科技事业发展速度的加快，金融、财务系统中将逐渐淘汰一切手工操作方式，取而代之的是计算机技术。与此同时，从事金融、财会工作的人员都将会独立进行计算机操作。因而，过去用手工方式盗窃、贪污和挪用公款的犯罪将被利用计算机作案的方式所代替。此外，我国正在加速金融电子化进程，但在广泛推行信用卡制度后，计算机诈骗必将日趋严重。据报道，截至1993年底，美国的信用卡诈骗造成的损失达到10亿美元。

（2）利用计算机网络进行情报间谍活动。

利用计算机技术的最高表现形式是组成网络，相互共享信息。目前，我国以自动报关、无纸贸易、社会经济信息、电子货币为内容的"金关""金桥""金卡"三大信息工程正在加紧实施，国家"高速信息公路"工程也在酝酿之中。此外，各个系统、各个部门计算机联网工作有的业已完成，有的正在建设或筹建。因此，国外敌对势力对我国有关政治、军事、经济等情报的窃取不再表现为直接的"纸张形式"的争夺，而是利用计算机在远距离实施；国内一些不法分子出于各种不同目的，也可能利用计算机网络出卖或泄露机密。

（3）犯罪分子的成分将更加复杂。

据专家预测，21世纪末，计算机将像彩电、音响、录放机一样大量进入中国普通公民家庭。

到那时，玩电脑将成为人们的家常便饭，全民的电脑常识和实际操作水平将大大提高。其负面作用是，电脑犯罪率也将随之提高，不但专业技术人员有可能作案，非专业人员也可能利用工作或其他便利条件作案。

(4) 计算机的负面产品将增多。

犯罪分子一旦知道计算机的负面产品能达到他们的目的,就会不择手段地去实践。比如,制作黄色软件牟取暴利,制作计算机病毒或破坏性程序实施打击报复等。

(5) 犯罪手段将更趋狡猾。

计算机技术越先进,利用计算机实施犯罪的手段就越高明,这是一对孪生兄弟。

三 计算机犯罪的社会危害

计算机犯罪在我国是一种新的犯罪形态,尽管目前还处在起始阶段,但其所造成的社会危害令人震惊,从长远看,计算机犯罪的社会危害可归纳为以下四个方面:

1. 影响我国国家安全和社会主义市场经济建设秩序

据统计,全国大、中、小型计算机装机量超过1.2万台,微型机150多万台,文字处理和学习机50多万台。中央各部委已建立起多层次的全国性纵向信息系统50多个,企业数据库已发展到60多个,有110多个国际终端与世界12个大型信息系统联网,咨询服务业已开放了20多个信息市场,在军队指挥系统中计算机已成为核心设备。随着社会的发展,政府、军队、经济部门将越来越依赖计算机及其网络系统,使秘密和财富日益集中于计算机之中。因此,计算机犯罪对国家安全和社会主义市场经济建设已经构成了严重威胁。

2. 影响社会安定和人民群众的物质利益

计算机犯罪,尤其是针对信息系统的犯罪,一般都不是一个孤立的事件,往往会带来连锁反应,影响社会安定和多数人的利益。以证券市场为例,据国家证监会有关人士透露,目前我国有股民 2000 万，并有与日俱增的趋势，加上他们的亲戚朋友，全国每天都有上亿人关心着股市行情，如果犯罪分子故意推高或拉低股票价位，或进行其他形式的犯罪活动，就会引起股市骚乱，影响社会安定。

3. 影响社会主义精神文明建设

打黄扫非、净化社会文化环境，是我国社会主义精神文明建设的一项重要内容。计算机黄色软件除具有一般黄色音像书刊的毒害作用外，还具有传播快、不易被发现等特点，对社会主义精神文明建设，尤其是对青少年的健康成长极为不利。

4. 影响我国高科技副业的健康发展

目前，我国以计算机为特征的高科技事业正在蓬勃发展，方兴未艾，"科学技术是第一生产力"的论断已在各行各业、各条战线形成共识。如果高科技领域内犯罪愈演愈烈，其发展速度和发展方向都会受到影响。

四 计算机犯罪对策初探

预防和打击计算机犯罪，与预防和打击其他形式的刑事犯罪一样，需要动员全社会的力量进行综合治理，只有这样，才能从根本上遏制和减少计算机犯罪，避免给国家、集体和公民个人造成更大的损失。本文谈几点肤浅看法。

1. 深入有效地宣传、贯彻《条例》，提高全社会的法制观念和安全意识

《中华人民共和国计算机信息系统安全保护条例》虽然是一部行政法规，但对计算机犯罪的预防和遏制具有重大意义。首先，它将计算机管理纳入法制轨道，使执法者有法可依；其次，它使广大计算机用户有法可循。他们可以根据法规对计算机使用者进行教育，制定适合本单位实际情况的规章制度和纪律对计算

机使用者进行监督，从而达到预防犯罪的目的。因此，要大力加强《条例》的宣传、贯彻工作，力争取得如下三方面效果：一是提高各级领导，尤其是主管计算机信息系统建设工作的领导对《条例》的理解、掌握程度和运用《条例》的意识、水平；二是提高计算机使用者和管理者遵守《条例》的自觉性和法律意识；三是使全社会都知道计算机犯罪的危害性和执行《条例》的重要性。宣传的形式要多样化，宣传的时效要长期化，只有这样，才能真正提高全社会计算机管理的法制观念和安全意识，达到预防和打击计算机犯罪的目的。

2. 加强计算机监察队伍建设，提高依法管理力度

《中华人民共和国计算机信息系统安全保护条例》明确规定：公安机关主管计算机信息系统安全保护工作。虽然从公安部到省公安厅、市公安局都成立了计算机安全监察机构，有一支专业的计算机安全监察队伍，但无论从其人员数量、素质，还是从其工作模式、法律政策水平上看，都远远不能适应实际工作的需要。因此，建立一支过硬的计算机执法队伍势在必行。从目前形势和经济发展趋势看，县（市）级以上公安机关都要建立专门的计算机安全监察部门，并且要有一定数量的专门技术人才，要确立日常的业务范围，加强检查、监督功能。对现有计算机安全监察工作人员，要注重提高其政治素质和业务素质，不但要求其严格执法，而且教育其执法守法。

3. 尽快制定行政管理和处罚细则，强制消除各类犯罪隐患

对计算机犯罪目前普遍存在着两种消极观点：一是计算机犯罪在我国还没有那么严重，用不着在这上面做大文章；二是计算机犯罪是高科技犯罪，没有什么良方能预防得了。因此，许多单位的管理制度不健全、不落实，安全意识、防范意识差，犯罪隐患多，客观上给犯罪分子造成了许多可乘之机，目前破获的计算机犯罪案件也能说明这个问题。之所以出现这种局面，除了计算机用户思想不重视等原因外，另一个主要原因是没有行政监督手段。政府也注意到了这个问题，因此在1994年2月18日，国务院总理李鹏正式签署、发布了中国第一部计算机安全法，即《中华人民共和国计算机信息系统保护条例》。但是，这个条例是一个诠释性的行政法规，涉及的对象和范围很广，手段是以制度管理为主，通常以许可性条款或禁止性条款来进行调整。因此，实际执法工作中困难较多、较大。为此，笔者认为，应尽快制定符合《条例》精神的管理和处罚细则，如果因地区差异暂时无法出台全国性的管理、处罚办法，各地可根据本地实际情况制定地方性行政法规作为过渡。正如公安管理中治安案件和刑事案件的关系一样，治安案件得到有效控制和处理，转化为刑事案件的可能就较小；如果在计算机管理中行政强制手段得力，计算机犯罪的隐患将减少。总之，切莫待到"亡羊"后再"补牢"。

4. 公安、检察机关协调配合，加快侦破计算机犯罪案件

目前我国发生的计算机犯罪案件绝大多数涉及钱财，因而一般由检察机关独家办理，公安机关不插手。从目前笔者了解的情况看，检察机关由于技术人才、侦查手段和办案权限等限制，查办此类案件往往有很多困难，他们希望与公安机关联合办案。《条例》第三章第十七条第二款明确规定：公安机关有"查处危害计算机信息系统安全的违法犯罪案件"的职权。这个权利的履行，也需要与检察机关协调。因此，笔者认为，在侦办计算机犯罪案件中，公安和检察机关应密切配合，协同作战。比如在办理属于经济性质的计算机犯罪案件时，检察机关应邀请公安计算机安全部门参与调查取证及案情分析和案子定性等工作；公安机关立案侦办一些较为复杂的计算机案件时，应邀请检察机关提前介入，共同调查、取证，查清犯罪事实后交由检察机关起诉。

5. 增加《刑法》补充规定，严惩计算机犯罪

目前我国《刑法》中还没有计算机犯罪量刑的条款。如果发生利用计算机盗窃、贪污、挪用公款以及制作黄色软件等犯罪行为，定性、量刑一般比对《刑法》中相应条款，准确性不够。比如某市检察机关在处理一起计算机犯罪案件时，在定性挪用公款和贪污上有很大分歧，因为这起犯罪既有挪用公款的特点，也有贪污的特征。如果发生破坏计算机数据、制造或传播计算机病毒等专业性较强的犯罪案件，处罚起来往往无从下手，结果要么放纵了罪犯，要么给罪犯找了一个大家都能接受的罪名。这两者，不但不能达到有效地打击计算机犯罪的目的，而且有可能使一些犯罪分子钻法律空子。世界上很多国家都有惩治计算机犯罪的专门法规。早在1973年，瑞典就颁布了世界上第一部惩治计算机犯罪的法规；1978年，美国佛罗里达州制定了《计算机犯罪法》，随后各州都制定了计算机犯罪法；欧洲发达国家基本上都制定了惩治计算机犯罪的法律；亚洲、非洲的一些国家和中国台湾地区也制定了相应法规。中国目前制定惩治计算机犯罪的专门法规的条件还不成熟，但可以以全国人大补充规定和司法解释的形式，增加处罚计算机犯罪的具体内容。例如，增加以下新罪名：①直接或间接修改、消除及用其他形式破坏国家、集体或其他公民个人的计算机存储数据、网络系统程序等，情节严重、造成一定后果的；制造、传播计算机病毒，造成一定后果的；以赢利为目的，制造、销售黄色软件和计算机犯罪方案等，造成一定后果的；②对利用计算机贪污、盗窃和挪用公款等计算机犯罪，规定按现行《刑法》中同类罪较重的量刑惩处；③对属挪用公款、贪污或盗窃等性质难以确定的计算机犯罪，规定一律按两者中的较重量刑论处。总之，只有制定具体惩处规定，才能有效地打击和遏制计算机犯罪。

（作者：蒋平，本文原载于《公安研究》1995年第8期）

计算机犯罪的"黑数"及统计差异

计算机犯罪是典型的高科技犯罪：在作案时间上，往往是犯罪行为与犯罪结果不同步，时间跨度大；在作案空间上，往往是行为实施地与结果产生地相分离，可以不受地域限制；在作案对象上，不是有形的物质，而是无形的电子数据；在作案手段上，不使用传统的工具，而使用现代化的电子设备；在作案结果上，不产生肉眼可观察的有痕迹的现场，而是无法固定的稍纵即逝的电子脉冲。所有这些都导致了计算机犯罪难发现、难认定，证据难搜集、难保全，案件难定性，犯罪难量刑。

一 计算机犯罪的"黑数"

犯罪"黑数"（dark figure）在犯罪学上是指未报案的犯罪（unreported crime）案件数，也可引申为没有被发现（undiscovered）的犯罪案件数。

任何类型的犯罪都有一个"黑数"问题，但计算机犯罪的"黑数"可能最大，因而有案可查的计算机犯罪统计数字并不代表犯罪的实际数字，这两个数字可能相差几倍，甚至几十倍。据芬·左·穆勒（Von Zur Muhlen）研究，目前发现的计算机犯罪数与未发现的犯罪数比率是1∶10；美国的简·贝克（Jay Becker）则称，计算机犯罪的发现率是1%，犯罪"黑数"非常大。

1987年，美国律师协会（BAR）对300家公司和政府机构进行了一次调查，其中72个单位承认在调查前的12个月内曾遭受过计算机犯罪的侵害，损失额估计为1.45亿~7.3亿美元。1991年，美国、加拿大以及欧盟同时对300个小型机工作站进行了涉及计算机安全事件的调查，其中72%的被调查者承认在过去的12个月内曾发生过1起以上的安全事件；43%的被调查者认为发生的安全事件是一种计算机犯罪；8%的被调查者不知道他们那里是否曾发生过安全事件。据美国联邦调查局国家计算机犯罪侦查队（the FBI's National Computer Crimes Squad）推测，85%~97%的计算机入侵犯罪没有被发现。1995年前后，美国国防部对全国8932个系统进行了攻击测试，其中7860个系统被成功地攻入，但仅有390个系统发现受到了攻击，而向有关部门报告受到攻击的系统仅有19个。1992年10月5日至8日，在德国韦尔斯堡（Wzburg）举行的计算机犯罪及其他犯罪学术研讨会上发表了一份关于计算机犯罪的论文，据与会国报告，执法机构立案侦查的计算机犯罪案件仅是实际发案数的5%。1958年，美国硅谷发生了一起利用计算机篡改程序窃取银行存款余额案，但直到1966年才被发现。从目前我国及国外破获的计算机犯罪案件情况看，一般都是案发很多天、甚至数月或数年后才被发现而立案侦查的，侦破难度可想而知。事实上，计算机犯罪未被发现，或者虽发现了蛛丝马迹，但由于难以查证而不了了之的案件很多，没有哪个国家、哪个部门或哪个研究机构能准确统计出计算机犯罪数，也无法推断出这个"黑数"究竟有多大。

计算机犯罪的"黑数"之所以如此突出，主要有以下几方面原因：

1. 技术因素

随着微电子技术、计算机技术以及通信技术的飞速发展，计算机的精密度、存贮量、处理能力和运行速度在不断提高，计算机网络的覆盖范围、介入领域、时空跨度也不断扩大，从而客观上增加了预防、控制和打击计算机犯罪的难度，为计算机犯罪"黑数"的存在提供了可能性。

2. 管理和法制因素

从国内外已侦破的计算机犯罪案件情况看，犯罪嫌疑人为内部雇员的占较大比重，这在一定程度上说明单位内部计算机安全管理存在隐患。我国的情况尤为突出，虽然各个部门都在计算机信息系统的建设和运行方面制定了相应的规章制度和操作规程，但却没有形成强有力的信息安全管理体系，管理制度很少落到实处。从立法方面看，目前各国政府虽然都制定了打击计算机犯罪的法律、法规，但覆盖全球、资源庞大的互联网实行的却是民间机构自愿式管理，没有国界，没有"警察"，这为计算机犯罪提供了便利。

3. 打击和控制因素

司法机关由于缺乏足够的训练，不能有效地处理复杂的数据环境中的各种问题，致使许多计算机犯罪案件得不到应有的查处，或因法律不健全，使犯罪分子轻易逃避处罚，造成计算机犯罪"黑数"大量存在。

4. 受害人因素

计算机犯罪的受害者，尤其是商业、军事、政府等部门，由于害怕名誉受损、泄露秘密等不愿报案，从而使计算机犯罪案件得不到及时的查处。

5. 教育和宣传因素

与其他许多传统犯罪相比，计算机犯罪的受害者往往不能准确区分罪与非罪的界限，明明已经受到犯罪侵害却浑然不知。他们往往是在司法机关掌握事实之后告知其遭受计算机犯罪的侵害时，才知道自己是受害者。这就为计算机犯罪"黑数"的存在提供了土壤。

二 计算机犯罪统计的差异

犯罪统计因法律制度、司法体制的不同而存在较大差异。欧美法系的国家多数持一元犯罪观，对犯罪与违法不作严格区分。美国、英国等一些国家根据犯罪行为的危害程度将各类犯罪分为重罪和轻罪。在美国刑事诉讼意义上，轻罪由地方法院的某些基层法院，如治安法院、警察法院、夜法庭等管辖，轻罪审判无须通过大陪审团，轻罪犯可以缺席审判。在美国刑罚执行意义上，重罪指判监禁刑一年或一年以上，轻罪指判刑一年以下。1962年，美国法学会（American Law Institute）拟制的《模范刑法典》（Model Penal Code）按刑罚轻重把犯罪分为四等：重罪、轻罪、微罪（petty misdemeanor）和违警罪（violation）。重罪指判刑一年以上，轻罪指不超过一年的监禁，微罪的最高刑期为30天，违警罪判处罚金。《模范刑法典》本身不具有约束力，但对美国各州修订或制定刑法典具有示范作用。从《模范刑法典》及美国联邦和州刑法看，许多本该属于行政违法的行为却用刑罚方法处理，即将行政违法与刑事违法混在一起，不加严格区分。毫无疑问，这些国家的计算机犯罪统计就是计算机犯罪案件与计算机违法案件之和。

我国法律持二元犯罪观，即明确区分犯罪与违法的界限。《中华人民共和国刑法》（以下简称《刑法》）"总则"第3条规定："法律明文规定为犯罪行为的，依照法律定罪处刑；法律没有明文规定为犯罪行为的，不得定罪处刑。"因此，我国官方的犯罪统计主要是依据《刑法》"分则"规定的犯罪客体、直接客体和对象进行分类统计。例如，根据犯罪客体的分类原则，我国《刑法》规定了十大类犯罪，公安机关每年根据十大类犯罪案件的立、破案情况进行案件统计，检察院、法院每年根据十大类犯罪案件的诉讼情况进行案件统计。根据犯罪直接客体和对象的分类原则，最高人民法院审判委员会于1997年12月16日公布了《刑法》"分则"中所规定的具体罪名的名称，因而公、检、法等部门每年还要根据每个具体罪名作犯罪统计。如《刑法》第285条规定了非法侵入计算机信息系统罪，第286条规定了破坏计算机信息系统罪。这两条就是我国《刑法》所规定的典型的计算机犯罪，据此可对全国计算机犯罪案件进行统计。

为了便于分析、掌握犯罪形势，正确制定预防、控制和打击犯罪的策略，司法部门及研究机构并不总是机械地根据《刑法》编排好的类型对各类犯罪进行统计，有时它们也根据各种需要进行统计。例如，将几类在某个时期、某个地区经常发生的案件作为对象进行统计，将各类有组织犯罪作为对象进行统计，将共同犯罪作为对象进行统计，将各类侵占财产案件作为对象进行统计等等。其主要目的是有针对性地制定控制和打击犯罪的措施，维护社会治安秩序。计算机犯罪案件的统计也是如此。如美国官方和研究部门在进行计算机犯罪统计时，将针对或利用计算机信息系统实施的犯罪都作为计算机犯罪进行统计；日本将针对各种卡、证实施的犯罪均列为计算机犯罪进行统计。我国有关职能部门为了解和掌握计算机犯罪的实际情况，以便超前制定对策，有时还将利用计算机实施的犯罪作为计算机犯罪案件进行统计，有的甚至还将针对或利用计算机实施的行政违法行为也列入计算机犯罪统计范畴。

由于上述原因，世界各国计算机犯罪的统计都存在准确性、真实性和可比性的问题。就目前情况看，除"黑数"问题外，不论是官方的统计，还是民间机构的统计，都难以准确地反映出一个国家、一个地区在一个时期的计算机犯罪真实情况。因此，在分析、研究各国计算机犯罪状况时，应当始终注意以下几个问题：

第一，并不是计算机犯罪统计数大的国家，其实际犯罪情况就严重；统计数字小的国家，计算机犯罪就不严重。

第二，并不是列入统计范畴的就是典型的、世界各国都公认的计算机犯罪，各国的统计标准是根据自己的法律和司法实践自行确定的。

第三，在对各国计算机犯罪进行比较时，要选好参照标准，不能只看数字，不看标准，只看表面，不看内容，否则既不科学，也未必有实际价值。

（作者：蒋平，本文原载于《信息网络安全》2002年第3期）

计算机犯罪的类型探讨

正确划分和把握计算机犯罪类型，不但有助于制定、修订打击计算机犯罪的刑事法律，也有利于预防、控制计算机犯罪。从我国的"二元犯罪论"角度看，给犯罪作学理上的分类应考虑刑法学和犯罪学这两个视角，划分计算机犯罪类型也不例外。由于计算机犯罪是典型的高科技犯罪，在犯罪手段、犯罪结果及实施方式等方面，明显不同于传统犯罪，因此从技术角度给其分类，便于更好地把握这类犯罪的特点。因此，本文分别从刑法学、犯罪学及技术角度探讨计算机犯罪的类型。

一 刑法学上的犯罪类型划分

刑法学上的犯罪类型划分是一个大概念。法制不同，目的不同，角度不同，都会形成许多不同的分类方式。比如，美国、英国等一些国家刑法中最基本的犯罪分类是根据犯罪行为的危害程度分为重罪和轻罪。在美国刑事诉讼上的意义是，轻罪由地方法院的某些基层法院，如治安法院、警察法院、夜法庭等管辖，轻罪审判无须通过大陪审团，轻罪犯可以缺席审判。在美国刑罚执行上的意义是，重罪指判监禁刑一年或一年以上，轻罪指判刑一年以下。为进一步完善这种分类标准，1962年，美国法学会（American Law Institute）拟制的《模范刑法典》（Model Penal Code）按刑罚轻重把犯罪分为四等：重罪、轻罪、微罪（petty misdemeanor）和违警罪（violation）。重罪指判刑一年以上，轻罪不超过一年监禁，微罪的最高刑期为 30 天，违警罪判处罚金。《模范刑法典》本身不具有约束力，但对美国各州修订或制定刑法典具有示范作用。从《模范刑法典》及美国联邦和州刑法看，许多本该属于行政违法的行为却用刑罚方法处理，即将行政违法与刑事违法混在一起，界限不清，比如，酒后开车、不交关卡费等违警罪。这与中国的法律体系不一样，因而，在研究美国学者或执法部门关于计算机犯罪概念、计算机犯罪类型等问题时应放在其法律背景上考察，切忌按照我们的法律体系来否定其分类的科学性、合理性。[1]

我国《刑法》的犯罪分类原则主要体现在其"总则"和"分则"之中。"刑法总则"主要依据犯罪构成要件进行犯罪分类。如根据犯罪形态不同，划分为个人犯罪和共同犯罪，根据犯罪构成的主观方面，划分为故意犯罪和过失犯罪。"刑法总则"的犯罪分类是制定和追究刑事责任的主要依据。"刑法分则"是依据犯罪所侵犯的不同客体和对社会所造成的危害程度，对各种具体犯罪进行分类。"刑法分则"的犯罪分类是分清此罪与彼罪界限的重要依据，有利于正确定罪量刑。"刑法分则"根据对社会所造成的危害程度，将现行犯罪划分为十大类：危害国家安全罪、危害公共安全罪、破坏社会主义市场经济秩序罪、侵犯公民人身权利和民主权利罪、侵犯财产罪、妨害社会管理秩序罪、危害国防利益罪、贪污贿赂罪、渎职罪和军人违反职责罪。从"刑法分则"角度看，关于计算机犯罪，我国《刑法》将其放在"妨害社会管理秩序罪"这一类，也就是说，计算机犯罪所侵害的总的客体是社会管理秩序。社会管理秩序是一个大范畴，根据具体的犯罪对象还可以继续分类。因此，从刑法学角度看，计算机犯

---

[1] 参见储槐植撰写的《美国刑法》，北京大学出版社，1996 年。

罪有多种分类方法,比如犯罪主体分类法、犯罪客体分类法、犯罪对象分类法、犯罪手段分类法、犯罪后果分类法和犯罪动机分类法等等。同时,由于犯罪行为的超前发生性和刑罚的相对滞后性,在讨论刑法学上的计算机犯罪分类法时,应从两方面考虑:一是根据我国现行《刑法》的立法原则对犯罪进行分类,可称"我国《刑法》分类法",比如我国《刑法》规定的"危害国家安全罪"可表述为"一切危害国家主权、领土完整和安全,分裂国家、颠覆人民民主专政的政权和推翻社会主义制度,依照法律应当受刑法处罚的危害行为"(参考《刑法》中的"总则"第二章第十三条);二是从比较《刑法》的角度对犯罪进行分类,如某一类行为我国《刑法》尚未规定为"犯罪",但其他国家刑事法律却规定为"犯罪",或将来可能被列为犯罪,作为研究,可以超前予以表述,可称"比较《刑法》分类法"。

1. 我国《刑法》分类法

我国《刑法》分类法包括"总则"分类法和"分则"分类法两个部分。前面已论述,由于"总则"分类基本上仅对犯罪作抽象的概念性规定,因而在此不作讨论。"分则"分类的主要标准是犯罪所侵害的客体、具体对象及所造成的社会危害。据此,计算机犯罪可分为以下三类:

(1)非法侵入计算机信息系统罪,此类系统包括国家事务、国防建设和尖端科技技术领域计算机信息系统等。

(2)破坏计算机信息系统罪,包括破坏计算机信息系统功能罪、破坏计算机信息系统数据和应用程序罪和故意制作、传播计算机病毒罪三个方面。

(3)利用计算机信息系统罪,包括利用计算机实施金融诈骗、盗窃、贪污、挪用公款、窃取国家秘密或者其他犯罪等。

2. 比较《刑法》分类法

根据比较《刑法》分类原则划分计算机犯罪类型,不但有助于认清计算机犯罪的危害程度，提高防范意识，而且通过对比还可为修改为我国现行刑事法律提供参考。据比较《刑法》分类法，可将计算机犯罪划分为五大类：

（1）非法侵入计算机信息系统罪，计算机系统应包括三个方面：一是我国《刑法》规定保护的国家事务、国防建设和尖端科技技术领域计算机信息系统；二是我国现行《刑法》尚未规定、但世界许多国家刑事法律已规定保护的经济领域及重要社会保障领域的计算机信息系统；三是目前仅有少数国家，如美国、荷兰等国法律规定的涉及社会一般部门和个人所拥有的计算机系统。

（2）破坏计算机信息系统罪，包括四个方面：一是破坏计算机信息系统功能；二是破坏计算机信息系统数据和应用程序；三是故意制作、传播计算机病毒；四是干扰计算机信息系统运行，如利用技术手段降低系统的响应效率等。

（3）利用计算机信息系统罪，包括利用计算机实施金融诈骗、盗窃、贪污、挪用公款、窃取国家秘密、制黄传黄、侵犯隐私权（如截取、拆阅他人电子邮件）或者其他犯罪等。

（4）针对计算机信息网络系统资源罪，包括盗用计算机网络系统设备、盗用计算机通信线路等。

（5）针对计算机系统服务罪，包括盗用计算机信息系统功能、数据及应用程序，以及盗用计算机系统服务时间、他人网络账号等。随着国际互联网的广泛普及，近年来盗用或伪造互联网账号和密码的违法犯罪活动日益突出。某银行职员何某自1997年10月向电信部门申请了国际互联网账户后一直未启用，也未更改初始密码。1999年2月28日，当其到电信局缴费时发现要付费5900元，显然账户被盗用。经公安机关侦查，有23人盗用过何某的互联网账号。这些人中有记者、编辑、大学教师、广告人员、公司管理人员等，大多具较高文化水平。

二　犯罪学上的计算机犯罪类型划分

犯罪学上的计算机犯罪应采用广义的概念，即包括犯罪及有可能发展为犯罪的计算机违法及其不良行为等。因此，犯罪学上的分类也把握这个原则。同时，犯罪学上的分类一般是根据犯罪行为性质、行为特征、行为人特征、行为动机特征等对犯罪行为所进行的分类。依据以上原则，可从犯罪的性质、行为特征和行为动机等方面进行分类：

1. 根据犯罪性质划分

根据我国法律，案件一般分为刑事案件、行政案件和民事案件三大类。为便于了解我国计算机违法犯罪的具体状况，认清其危害，超前制定对策，从这个角度划分很有必要。

（1）刑事违法类，包括非法侵入计算机信息系统罪、破坏计算机信息系统罪、利用计算机信息系统罪、针对计算机信息网络资源罪、针对计算机信息系统服务罪、侵犯隐私权（如截取、拆阅他人电子邮件）罪、信用卡犯罪、侵犯知识产权罪等。

（2）行政违法类，包括尚不足以《刑法》处罚的侵入计算机信息系统、破坏计算机信息系统、利用计算机信息系统、针对计算机信息网络资源、针对计算机信息系统服务和信用卡违法、侵犯知识产权等行为；传播有害数据的行为；违反备案管理、网络安全管理、安全专用产品管理、机房安全管理、安全等级保护、案件报告制度等国家有关行政法规的行为。

（3）民事违法类，包括侵犯姓名权、名誉权、肖像权等行为。

2. 根据犯罪行为特征划分

计算机犯罪可划分为暴力性违法犯罪和非暴力性违法犯罪两大类。

（1）暴力性违法犯罪分为以下四个方面：破坏电脑硬件设备；破坏电脑软件，包括系统程序、应用程序和数据；破坏系统运行环境；破坏系统通信运行设备等。

（2）非暴力性违法犯罪即利用技术手段的犯罪，可分为以下七个方面：①侵犯计算机信息系统安全秩序，包括侵入系统，破坏、改变、中止系统功能，增加、删除、改变或干扰应用程序和数据；这里所指的系统包括《中华人民共和国计算机信息系统安全保护条例》、《中华人民共和国计算机信息网络国际联网管理暂行规定》、《计算机信息网络国际联网安全保护管理办法》及其他部门规章和地方立法所保护的所有计算机系统；②利用计算机进行各类财产犯罪，包括利用计算机盗窃、贪污、挪用、侵占、诈骗、敲诈等；③利用计算机泄露或窃取国家政治、经济、军事及其他秘密；④信用卡及票证犯罪；⑤侵犯知识产权，包括侵犯著作权、专利权、商标权等；⑥制作、传播有害数据，包括制作、传播计算机病毒，制作传播淫秽物品、危害国家安全、封建迷信和人身诽谤等有害信息；⑦利用计算机侵犯隐私权、姓名权、名誉权、肖像权及电子邮件通信权等。

3. 根据犯罪行为动机划分

（1）为了谋取不义之财而利用或针对计算机实施各类财产犯罪。

（2）为了达到某种政治、军事目的而利用或针对计算机实施的危害国家安全、国防利益的犯罪。

（3）为了报复和泄私愤等而利用计算机或针对计算机实施的侵犯名誉权、姓名权、隐私权等犯罪。

（4）为了达到谋求个人或小集团的政治、经济或文化方面的利益而利用或针对计算机实施的各类犯罪。

（5）为了好奇或炫耀自己，过失或教唆进行违法犯罪活动。如近年来利用国际互联网络互相传授"黑客"技术的违法活动非常突出。1997年10月，公安机关发现广州某公司网站上一个名为"山鹰"的免费个人主页介绍网络"黑客"技术，并提供"黑客"软件工具后，责令该主页制作者立即删除有关"黑客"内容并作书面检查。1998年5月，镇江某网站的免费个人主页"洪亮——观海楼"中介绍网络"黑客"技术并提供"黑客"软件工具，在其"酷页新编"栏目中链接了多处介绍网络"黑客"技术的站点，并有"黑客"软件工具可供下载。公安机关通过电子邮件通知其在72小时内删除有关"黑客"站点的链接，作案嫌疑人在规定时间内将其删除。随着国际互联网的发展，"黑客"活动日益猖獗，但据公安机关掌握的情况，"黑客"多为青少年，多为好奇或满足表现欲，一般无特殊犯罪动机。

三 技术角度上的计算机犯罪类型划分

从技术角度划分计算机犯罪类型，有利于从技术上预防、控制和打击计算机犯罪，国内外学者对此研究较多，也比较重视，比如，美国学者帕克的"犯罪手段十七种类型"，我国学者归纳总结的"犯罪手段十四种类型"等。但仅从犯罪的具体技术手段划分计算机犯罪类型，可能既难全面又难找出本质的东西，因为随着计算机科学日新月异的进步，计算机犯罪的技术手段将不断发展、变化，数量不断增加，难以穷尽；形式上相互交错，难以辨认；在质的规定上，也没有抽象的统一。因此，笔者认为，从技术角度给计算机犯罪分类，要选择质的规定，这里选择计算机安全技术作为参照物将计算机犯罪分为以下四类：

（1）突破系统环境的技术防范机制直接或间接犯罪，包括非法进入机房操作计算机，利用技术设备拦截电磁信号，利用技术手段阻挡信息传输等；

（2）逾越访问控制机制实施各类犯罪，包括偷窃、猜测、绕过、闯过各类口令及防火墙和虚拟专用网（VPN）控制区；

（3）破译密码实施各类犯罪，包括截取、盗窃、破解各类算法；

（4）植入、传播或利用非正常程序实施犯罪，包括病毒、定时炸弹、逻辑炸弹及其他非系统所需程序。

计算机分类的方法、角度很多，之所以对计算机犯罪作刑法学、犯罪学和技术角度的分类，其目的是为了在研究控制机制时找到打击、防范计算机犯罪的有效途径。也就是说，不是为了分类而分类，而是为了控制而分类。

（作者：蒋平，本文原载于《南京社会科学》2000年第3期）

计算机犯罪现状与趋势

这部分内容整理了计算机犯罪现状与趋势方面的研究成果。共收集了两篇文章：《国外计算机犯罪的现状》《计算机犯罪趋势分析》。

文章介绍和分析了美国、英国、德国、日本等国家的计算机犯罪现状，结合国内计算机犯罪的实际情况，从社会发展角度、犯罪发生的领域、犯罪的主要类型及其技术因素等方面，分析了计算机犯罪的发展趋势。

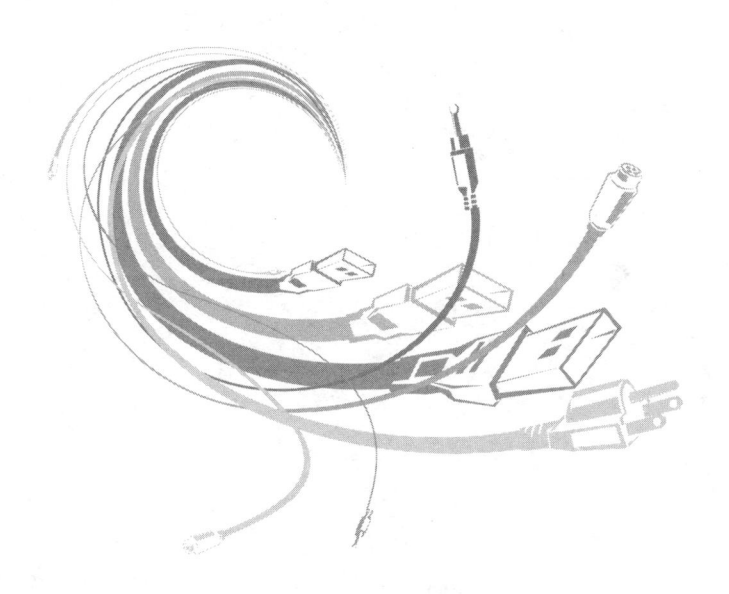

国外计算机犯罪的现状

在对计算机犯罪的"黑数"和统计问题有了较清楚的认识之后,即可将世界各国计算机犯罪的状况放在一起进行比较与分析。

一 美国的计算机犯罪状况

从20世纪70年代起,美国的官方和民间就开始收集、统计计算机犯罪案件。官方的统计资料主要来源于司法机关和审判机关对计算机犯罪案件的处理;民间机构的统计资料主要来源于各种形式的调查。但不可否认的是,官方的统计数字很难反映计算机犯罪的全貌,因为这种统计还存在一个"黑数",它可能只反映出了重大及特大案件的基本情况;而民间机构的调查由于缺乏严肃的法律保证,可能有夸大之嫌。

美国官方的统计如下。

美国联邦调查局对1988年1月1日至12月31日之间发生在联邦保险金融机构的犯罪情况进行了调查统计,发现诈骗和侵占案件所造成的损失是发生抢劫或盗窃案所造成的损失的50倍。1988年,该机构因诈骗和侵占所造成的损失约为20亿美元,是1987年8.61亿美元的两倍多。

20世纪80年代末,美国信息完整性及有效性总统委员会预防分会(the Prevention Committee of President's Council on Integrity an Efficiency）公布的一份报告称："计算机犯罪数每年增长35%，造成的损失每年增长35亿美元；其主要原因是平均每起计算机犯罪案件造成的损失估计为56万美元，而一般抢劫银行案平均每起损失为19万美元。""估计已发现的计算机犯罪案件仅为计算机犯罪总数的1%，利用计算机实施诈骗犯罪的不超过10%。而一般计算机诈骗犯罪嫌疑人均为系统内部合法和非技术性的终端操作人员。"

美国联邦调查局（FBI）和美国计算机安全协会（CSI）每年都联合对美国的计算机犯罪与信息安全状况进行调查，并将结果公布于众。2001年，他们对政府机构和企业的计算机安全与犯罪状况进行了调查，共收到538份反馈资料。基本状况是：政府机构和企业的计算机网络受到内外攻击的威胁越来越大，攻击的方式越来越多样化，造成的损失越来越严重，防范越来越困难。其中，91%的调查对象承认在一年中曾遭受过不同形式的攻击，64%的调查对象承认因攻击而导致经济损失，36%的调查对象向执法部门报告受到过攻击，94%的调查对象承认感染过计算机病毒。犯罪的主要类型依次是拒绝服务攻击（78%）、信息泄露（13%）和经济欺诈（8%）。

2000年8月，美国国会的一个下属机构公布的一份调查资料显示，政府资助成立的电脑紧急事故应急中心接到的电脑安全事件报告越来越多，1999年共有9859起，2000年增至21756起，而2001年的前6个月即达到15476起。

美国民间机构的统计如下。

美国斯坦福研究所（Stanford Research Institute）是较早从事计算机犯罪研究的机构，该所通过收集新闻报道和向企业调查等方式收集、统计计算机犯罪案件。据其统计，到1971年1月，美国共发生计算机犯罪案件472起，平均每起的损失额为45万至50万美元，与其他犯罪案件相比损失额较大。他们估计，已收集到的计算机犯罪案件大概是实际发案数的15%，每年损失额高达10亿美元。美国法律规定，金融机构必须报告损失在5000美元以上的诈骗案件，已报告的计算机诈骗案件平均损失额为85万美元。由于对计算机犯罪的界定尚未形成统一标准，实际的发案数和起诉的案件数也没有确切数字，因而美国社会计算机犯罪状况的描述也存在意见分歧。但美国社会普遍认为，犯罪数量在上升，造成的损失在增加。

卡内基—梅隆（Carnegie - Mellon）大学的计算机应急响应小组（the Computer Emergency an Response Team）报告，从1991年到1994年，计算机入侵案件数增长了498%，受害的网址数增长了702%；仅在1994年，互联网上就发生了2460起事件，将近40000台联网计算机遭到攻击。美国联邦调查局计算机犯罪小分队自1991年成立以来已破获了200多起黑客案件。

二 英国的计算机犯罪状况

英国诈骗案件的数量和损失在逐年增加，英国审计委员会在1978至1981年的调查中发现了67起电脑诈骗案件，估计造成损失约90.5149万英镑；在1981至1984年的调查中，该类案件上升为77起，造成损失约为100万至113.3487万英镑；在1984至1987年的调查中，该类案件上升为118起，造成的损失约达256.1351万英镑；在1987至1990年的调查中，该类案件上升为180起，造成的损失有所下降，约为114.0142万英镑。由于审计委员会完全根据使用者的自愿报告统计诈骗案件，且几乎没有涉及金融机构，因而诈骗案件还有很大的"黑数"。另外，根据英国审计委员会的调查统计，每起诈骗案件平均损失额约为2100英镑。英国银行每天利用计算机付款和电子资金交换系统交换数亿英镑资金。电子交换不但涉及大量钱财，而且也涉及交换速度。据估计，所有英国的外汇储备在15分钟内就能全部转移到国外。因此，原伦敦警察厅刑事部计算机犯罪侦查组组长认为："银行阻止计算机犯罪不是很重要，而是极其重要。每天从伦敦市进进出出的2.34亿英镑，实际上就是沿着电缆飞速流动的电子数字，这才是真正的钱。"

2001年8月29日，英国工业协会发表的一项调查报告称，英国的网络犯罪已经严重影响了电子商务的发展。在这项调查中，共有148家公司接受了调查，其中2/3的公司承认在2000年曾遭受过黑客和计算机病毒的攻击，仅有32%的公司认为商家与客户的电子交易（B2C）是安全的，53%的公司认为商家与商家的电子交易（B2B）是安全的。调查还显示，以往的电脑犯罪多数是内部人员所为，但现在外部黑客已经逐渐成为商家的最大威胁。在已破获的案件中，约有45%的犯罪行为来自外部黑客，原公司雇员及专业犯罪团伙各约占13%，涉及公司内部职员的则仅占1%。为此，英国工业协会主席琼斯认为："由于担心网络犯罪可能带来经济和信誉损失，人们对电子商务特别是商家与客户的交易表现谨慎，因而电子商务的发展面临停滞的威胁。"

三　德国的计算机犯罪状况

据依弗莱堡大学公布的资料显示，德国（指原联邦德国）在1970至1976年共发生31起计算机犯罪案件，平均每起案件的损失额约为20万至30万马克。美国斯坦福研究所通过调查认为，截至1979年1月，德国发生计算机犯罪案件21起。显然，上述两个数字有矛盾，这可能是由于参照的标准不一致造成的。但是，这两个数字可以说明在20世纪70年代初期，德国就已经发生了计算机犯罪案件。20世纪80年代初，德国的联邦警察局开始调查统计计算机犯罪案件，据其公布的数字显示，1980至1983

年发生的进入侦查程序的计算机犯罪案件达 37 起，其中 1980 年 9 起，1981 年 8 起，1982 年 9 起，1983 年 11 起，平均每起案件造成的损失额为 50 万至 150 万马克。

四　日本的计算机犯罪状况

日本学术界和司法界普遍认为计算机犯罪包括以下行为：一是盗窃他人的银行 CD 卡（Cash Dispenser，即现金自动支付或出纳的装置），然后利用该卡从他人的银行账户中取钱；二是金融机构的职员利用工作之便窃取顾客的账户密码，然后从顾客账户中取钱；三是企业会计等人员编制或置入不正当的电脑程序，盗取单位钱财、盗窃软件；四是离开单位时，擅自带走公司的重要计算机软件；五是破坏电脑系统；六是破坏电脑通信线路，达到控制航空系统的目的。因此，日本的计算机犯罪统计包括以上六方面内容。日本最早的计算机犯罪发生在 1971 年，之后案件数量直线上升，到 1983 年共发生计算机犯罪案件 2253 起，其中 CD 卡犯罪占 98.2%。1983 年共发生计算机犯罪案件 480 起，而 CD 卡犯罪高达 472 件。

20 世纪 90 年代，日本计算机犯罪问题日趋严重。日本警察厅在 1998 年发表的白皮书中称，日本国内利用电脑和网络犯罪的事件正在增多，有必要"采取有力的对策"。这是日本首次在警察白皮书中重点论述高科技犯罪。白皮书称，1997 年仅警察承认的高科技犯罪就达 263 起，比 1993 年增加了 7 倍，其中包括入侵银行系统非法转移多达十几亿日元的款项及在网络上发送淫秽图像等重大案件。白皮书称，随着电子货币的普及，日本高科技犯罪状况将更加严重。白皮书还承认，日本在应对电脑高科技犯罪方面比较落后，因此有必要健全有关法制，并建立相应组织以对付高科技犯罪。

2001年，日本警方对计算机犯罪的发展趋势和类型进行了统计分析，总体情况是，随着网络的普及，与互联网有关的犯罪迅猛增长（见表1）。但是，针对电子记录的犯罪逐年下降，利用计算机网络实施的犯罪呈快速增长趋势，其中又以利用网络传播淫秽物品最为突出（见表2）。

表1　犯罪年增长情况

单位：起

年　　度	1996	1997	1998	1999	2000
案件数	176	263	415	357	559

表2　犯罪类型情况

单位：起

犯罪类型（案件数）		1998年	1999年	2000年
针对电子记录	计算机诈骗	287	98	33
	毁损计算机	8	7	2
	提供电子记录	4	5	9
	小　　计	299	110	44
利用网络犯罪	传播淫秽文学	80	147	154
	制作、传播色情图片	—	9	121
	诈　骗	11	23	53
	诽　谤	2	12	30
	盗　版	17	21	29
	其　他	6	35	97
	小　　计	116	247	484
非授权使用		—	—	31
总　　计		415	357	559

五　韩国的计算机犯罪状况

根据1994年韩国电算院对1995年以前计算机犯罪情况的调

查统计，电脑误用和滥用事件共发生 269 起，其中 1973 年至 1992 年 10 月共发生 51 起，1992 年 10 月至 1994 年 12 月共发生 118 起，1995 年 1 月至 1995 年 12 月共发生 100 起。

近年来，韩国计算机犯罪呈直线上升趋势。韩国警方对 1997 年以来的计算机犯罪情况进行了统计（见表 3）。

表 3　计算机犯罪情况统计

单位：起

年　度	案件总数	主要犯罪类型（案件数）		其他犯罪类型（案件数）
		黑客	病毒	
1997	141	6	0	135
1998	466	16	5	445
1999	2089	23	3	2063
2000	2190	360	3	1827
2001（1 月~8 月）	2724	627	8	2089
合　计	7610	1032	19	6559

六　澳大利亚的计算机犯罪状况

设立在考菲尔德技术学院的计算机滥用研究部于 1980 年在全国范围内进行了一项调查，发现澳大利亚最早报告的一起计算机滥用案件发生在 1967 年。此后，澳大利亚计算机滥用研究局对 1978 年至 1991 年 10 月全国的计算机滥用情况进行了调查，数据主要来自警察部门、公司及新闻媒体，总的情况是案件数量不断上升，但报案数量却仍然很少。截至 1990 年 5 月，全国公布的计算机滥用事件共 313 起，截至 1991 年 10 月，有案可查的计算机滥用事件为 497 起。其中，1990 年 5 月至 1991 年 10 月的 17 个月间，共发生计算机滥用案件 184 起。澳大利亚计算机滥用研究局根据调查和研究结果，从计算机滥用角度来考察全国的计算机犯罪问题，并将"计算机滥用"定义为"与计算机有关的盗窃、诈骗、侵占财产及破坏等行为"。它包括六个方面的内容：①未经授权对计算机进行输入或输出操作；②未经授权通过终端或微机访问系统；③未经授权修改或使用应用程序、操作系统或计算机设备；④侵入数据处理装置，盗窃设备、文件或数据结果；⑤破坏计算机设备、文件、应用程序或操作系统；⑥非法截取数据。

据澳大利亚计算机应急响应中心报告，2000年全国各地向该中心报告的计算机安全事件达8197起，比1999年增长了3倍多，比1998年增长了约5倍，主要类型是网络入侵、病毒和拒绝服务攻击（见表4）。

表4　计算机安全事件统计

单位：起

年　度	事件名称	事件数
1998	入侵和病毒	1300
	拒绝服务	42
1999	入侵和病毒	1800
	拒绝服务	16
2000	入侵和病毒	8100
	拒绝服务	97

澳大利亚警方计算机犯罪侦查部在2001年9月公布的一份材料中指出，当前全国计算机犯罪的主要类型为诈骗（包括信用卡诈骗和电子邮件诈骗）、黑客攻击、假冒身份、偷窥、儿童色情、与毒品交易有关、操作股票交易和非法提取资金等。

七　新加坡的计算机犯罪状况

新加坡警方一直坚持对计算机犯罪进行统计，表5是根据

《计算机滥用法》第 50 条 A 款规定的罪名对 1997 年至 2000 年的计算机犯罪案件进行的统计。

从表 5 可以看出,新加坡的计算机犯罪率增长较快。其中,非授权使用计算机提供的服务是主要的犯罪类型。

表 5　新加坡计算机犯罪统计

单位:起

罪名（案件数）	《计算机滥用法》第 50 条 A 款	1997 年	1998 年	1999 年	2000 年
电脑黑客	第 3 条或第 5 条	3	5	13	9
非法入侵	第 4 条	4	2	3	1
非授权使用计算机提供的服务	第 6 条（1）(a)	20	101	159	157
其　他	—	12	8	10	24
合　计	—	39	116	185	191

（作者:蒋平,本文原载于《信息网络安全》2002 年第 4 期）

计算机犯罪趋势分析

分析犯罪趋势有不同的视角，本文拟从宏观的社会发展角度、犯罪发生的领域、犯罪的主要类型及其技术因素等方面，结合国内外计算机犯罪的实际情况，分析计算机犯罪的发展趋势。

一 从社会发展角度看，计算机犯罪将在一定时期内继续存在、发展，并在犯罪数量、危害程度及表现形态等方面呈上升势头

1. 计算机犯罪数量可能继续上升

从世界范围看，一方面，电子政务、电子商务等应用的日益扩大，客观上为计算机犯罪提供了更多机会；另一方面，计算机技术的普及使人们从小就能接触、学习计算机，并能够很容易地学到实施网络攻击或利用网络进行犯罪的方法和技术。因此，具有实施计算机犯罪能力的人越来越多。相应地，计算机犯罪案件也不可避免地随之增多。从国内情况看，随着我国加入WTO及美国"9·11"事件的影响，网上斗争形势越来越严峻。境内外"法轮功"分子、其他敌对势力以及各类违法犯罪分子将继续利用互联网实施针对国家安全和社会稳定的各类违法犯罪活动。从1999年至2001年我国发生的案件数量的纵向比较看，计算机违法犯罪案件数量实际上一直在增长，且幅度较大。例如，1998年发生针对计算机信息系统的刑事案件达24起，行政案件118起；

1999年发生刑事案件75起，行政案件833起；2000年发生刑事案件238起，行政案件2432起；2001年发生刑事案件587起，行政案件3958起。

2. 计算机犯罪性质日趋严重，对人类和平及社会稳定的危害加剧

目前，毒品交易、走私、洗钱及国际恐怖主义等危害人类和平和幸福的反人类、反人道行为正越来越多地通过互联网实施。因为从犯罪成本、风险及实施难易程度看，互联网显然是一种较好的犯罪工具。

在我国，利用互联网危害国家安全、妨害社会管理秩序和侵占财产型犯罪在一定时期内仍然是计算机犯罪的主要形式。随着计算机信息网络的日益普及和网络应用的不断扩大，境内外敌对势力、敌对分子利用网络进行宣传渗透、造谣诽谤、泄密窃密和组党结社等活动将日趋增多。网上有害信息不但涉及国家政治、军事、经济、科技文化和社会生活的各个领域，而且数量将越来越多，更新将日趋频繁。此外，网络进入社会各行各业后，针对和利用网络妨害社会管理秩序的案件也将继续增加。随着国民经济和社会信息化进程的加快，涉及金融领域的计算机违法犯罪案件对经济秩序的破坏也在加大。2000年，某银行开通网上服务后，多次遭到黑客攻击，严重影响了业务的正常开展。2000年3月，国内50家著名大型商场联合开办的网上商场遭黑客攻击，业务中断120个小时。

3. 计算机犯罪呈组织化、国际化趋势

由于计算机程序的日益复杂和安全措施的逐步加强，一个人使用单一计算机信息系统实施犯罪的可能性越来越小，由世界各国犯罪分子组成的有组织的计算机犯罪将越来越多。计算机犯罪组织经常利用基于计算机的电子语音邮件系统（computer based voice mailbox system）交换盗窃的账号、口令和软件。目前，利用电子公告栏在全世界范围秘密进行犯罪联络的趋势在增长。同时，由于现实世界中的跨地区和跨国界犯罪目标大、限制多、风险高等因素，诱使犯罪分子转而利用网络实施犯罪，而计算机网络无国界、无海关、无警察的特点，在客观上也助长了这类犯罪案件的增长。1998年4月，美国国防安全专家破获了一起由15人组成的黑客犯罪团伙，其中8人在美国，5人在英国，2人在俄罗斯，他们互相协作攻克了被计算机安全专家称为最安全的美国国防部电脑网络。

从我国来看，各类敌对分子出于政治目的，在一段时间内，可能结成团伙，利用互联网有组织地对我国实施宣传渗透、诽谤诬蔑和造谣煽动，破坏我国的国家安全和社会稳定。在1999年以来我国侦破的侵占财产型案件中，团伙犯罪占有一定的比例，犯罪嫌疑人往往内外勾结，相互配合，分工明确。2000年1月，工商银行重庆沙坪坝支行270万元被盗案，5名犯罪嫌疑人系亲属关系，作案中有人窃取内部授权IC卡，有人传授作案方法，有人利用计算机终端实施作案，有人负责取款，配合紧密。

4. 计算机犯罪由单极向多极发展

计算机技术及网络的普及应用最初是由发达国家向发展中国家延伸，一些发展中国家的计算机及其技术起初基本上是舶来品。因此，早期的计算机犯罪基本上发生在发达国家。随着世界范围内计算机技术及网络的发展，发展中国家不断引进国外信息技术和设备构建自己的网络，开发各行各业的计算机应用系统，因而发展中国家也不可避免地发生了计算机犯罪。从行业角度看，现在各行各业普遍采用信息技术改造传统管理模式，日常工作对计算机的依赖程度也越来越大，其负面效应是计算机犯罪随时都可能发生。

5. 计算机犯罪的犯罪嫌疑人呈低龄化趋势

一方面，随着电脑和互联网的广泛普及并逐渐步入家庭，人们从小就能接触到计算机，在学到计算机应用知识的同时，也掌握了一定的攻击技巧；另一方面，由于网上黑客学校和黑客工具的泛滥，客观上又刺激了一些自制力不强或缺乏法律意识的青少年利用网上教唆的攻击技术实施犯罪。

二 从犯罪发生的领域看，计算机犯罪将涉及各个领域。并逐渐成为替代传统犯罪的主要形态

1. 军事领域的计算机犯罪将增加

人们已越来越清楚地认识到，不流血的信息战将成为未来战争的形态之一。事实上，海湾战争就是信息战的试验场。美国前众议院议长金里奇曾警告说："网络空间是个人人都可以进入的自由流动区——我们最好做好准备，以便应付我们做梦也想不到的对手在各个领域的发明创造力。"在信息战中，只要有一台接入网络的电脑，人人都可能成为战士，不论是现役军人，还是在校学生。因此，破坏军事信息网络系统的案件随时可能发生。

2. 国家事务领域的计算机犯罪不可小视

二战后，以美国为首的北约和苏联围绕柏林墙展开的间谍战可能被利用计算机网络进行的情报战所替代。就我国而言，敌对势力、敌对分子出于某种目的，将会利用互联网进行宣传煽动、造谣蛊惑等非法活动。

3. 经济领域的计算机犯罪将愈演愈烈

随着计算机技术及网络的发展以及电子货币的出现，商业与金融领域已越来越离不开计算机。世界经济正逐步实现网上一体化，预计未来的一切经济活动都将在网上进行。因此，各国在加强自身经济领域的计算机安全保密的同时，也在尽可能多地获取他国储存于计算机内的经济信息。微软公司董事长比尔·盖茨曾在东京发表演讲时指出，网络资本主义就是"没有摩擦的资本主

义"。所谓"没有摩擦的资本主义"或"网络资本主义",是指需要的时候能够以最少的时间、最低的价格轻松地获得最好的商品和服务。如果能够控制网络,投资风险就会减少,并可以牢牢地把握赚钱机会。西方一些发达国家在加强经济领域网上竞争的同时,也在积极地通过网络猎取他国的经济、商贸信息,以取得网上竞争优势。此外,黑客行为在网络经济领域有愈演愈烈之势。前伦敦警察厅计算机犯罪部长官员认为:"银行阻止计算机犯罪不是很重要,而是极其重要。每天从伦敦进进出出的2.34亿英镑,实际上就是沿着电缆飞速流动的电子数字,这才是真正的钱。"据《今日美国》报道,黑客每年给全世界电脑网络带来的损失估计高达100亿美元。

4. 公共信息服务业将成为计算机犯罪的重灾区

在我国,计算机犯罪的案发领域前几年主要集中在金融系统和党政机关,但现在公共信息服务业逐渐成为计算机犯罪的重灾区,甚至在国防军工系统也发生了计算机违法犯罪案件。1999年,我国公共信息服务业发生计算机违法犯罪案件414起,占全年立案总数的近一半;金融系统发生刑事案件24起,占全年刑事案件立案总数的32%。2000年,公共信息服务业发生计算机违法犯罪案件1182起,占全年立案总数的44%。2001年,公共信息服务业发生计算机违法犯罪案件1587起,占全年立案总数的58%。

三 从犯罪类型看,侵占财产型犯罪、窃密泄密、制黄贩黄及破坏信息系统等仍然是计算机犯罪的主要类型,同时将不断出现新的犯罪形式

1. 通信领域的计算机诈骗和破坏活动日趋增加

犯罪分子经常利用望远镜、电子监测仪等先进设备在公共场

所窥视或窃取电话用户的密码，用来盗打国际长途或出卖电话号码谋利。1994 年，美国微波通信公司的一名工程师被指控以每个 3～5 美元的价格出售了 6 万个电话卡号码，造成了 5000 万美元的非法长途电话费用。

在我国，此类案件也频频发生。2001 年 9 月，浙江省犯罪嫌疑人罗某为发泄私愤，通过某电信公司内部联网的计算机登录到某市的电信计费系统，删除系统数据，导致计费系统不能正常运行，造成经济损失近千万元。

今后这类犯罪可能呈快速增长趋势。

2. 网上泄密、窃密将成为涉密犯罪的主要形式

我们知道，有越来越多的信息和秘密存储到了计算机中。相应地，今后利用网络窃取或出卖国家政治、经济、军事、科技及商业秘密将成为涉密犯罪的主要形式。

3. 侵占财产型犯罪将主要利用计算机网络等手段实施

随着世界各国货币电子化进程的加快及电子商务的逐步展开，财富将逐渐集中到计算机中，并以电子形式出现。因此，侵占财产型犯罪的实施者逐渐将目光从过去的纸质货币、保险柜、钱包等转移到计算机上。从 12 岁起即开始了黑客生涯的"欺骗大师"李·约翰吹嘘自己已具备以下技能：一是能改变信用卡记录和银行收支平衡记录；二是不花钱就能弄到大轿车，乘飞机旅行，在宾馆里食宿也无须付账；三是改变设备和房屋的租金；四是为互联网上的所有用户免费分发计算机软件程序；五是轻易地获取绝密的内幕交易信息。

我国公安机关侦破的第一起发生在深圳的计算机犯罪案件就是侵占财产型犯罪。近年来，这类案件一直是我国计算机犯罪的主要形式，且案件数量增长较快，个案所涉及的金额越来越大，给国家、社会和个人造成的损失日益增加。随着电子商务发展速度的加快，今后一定时期内这类侵占财产型犯罪在我国有可能持

续增长。

4. 针对计算机信息系统的计算机犯罪将逐渐增加

计算机及网络的应用在不断普及,每个国家对计算机网络的依赖都在逐渐增强,因而国家与国家之间的战争或仇视将主要表现为摧毁对方的重要计算机信息系统。例如,在 1991 年的海湾战争中,伊拉克对美国的打击基本上毫无还手之力,其原因之一是美国情报部门在正式开战前就已利用计算机病毒摧毁了伊拉克的防空计算机控制系统,致使伊拉克在多国部队的飞机投下炸弹后才反应过来。此外,犯罪嫌疑人在实施报复、攻击时,不再采取既容易暴露又很难实施的传统办法,而是通过风险小、成功率高、破坏性大的系统攻击方式达到目的。在我国,近年来遭受黑客侵袭的政府及商业网站越来越多,有的主页被更换,有的数据被删除,造成系统不能正常运行。今后,随着各行各业的普遍联网,针对网络系统的破坏案件将逐渐增加。

5. 利用计算机及网络制作、传播黄色淫秽物品将成为黄毒犯罪的主要形式

多媒体和数字化技术的发展将使得电视机、录像机以及电脑等合而为一,黄毒寄生和传播将主要通过计算机及网络来实现。2001 年 1 月,吉林省犯罪嫌疑人李某在"中国人"网站申请免费空间后,制作了具有淫秽内容的个人主页,并链接到国外的一些色情网站。此外,他还利用互联网出售具有色情淫秽内容的光盘。此类犯罪将是未来从事传播色情、淫秽内容犯罪的主要形式。同时,通过计算机网络进行性纠缠和性引诱的犯罪也将逐渐增加。

6. 新的计算机犯罪类型将不断出现

利用互联网招募犯罪团伙成员、诱奸、骗婚、赌博以及进行非法传销等计算机犯罪活动不断出现。2001 年 8 月,广东省警方破获了一起利用互联网非法传销"神龙数码广告卡"案,查获犯

罪嫌疑人 100 余人，遍及全国 20 多个省份，受害群众有 20 余万，被骗金额高达 2.34 亿元人民币。2001 年，西安警方破获了一起利用互联网骗婚案。随着互联网逐渐深入社会生活的各个领域，此类犯罪还会快速增长。

四　从技术角度看，计算机犯罪手段将日益多样化，并呈现高对抗性

1. 计算机犯罪手段日益高科技化，且不断翻新

从我国 1999 年以来破获的计算机网络犯罪案件情况看，作案人员使用的技术手段越来越狡猾，采用智能化手段作案的占 80% 以上，且每年都会出现一些新的、智能化程度更高的犯罪手段。1999 年在扬州发生了郝氏兄弟使用遥控发射装置侵入银行信息系统窃取 26 万元的特大盗窃案；2000 年和 2001 年相继发生了多起利用互联网进行的非法传销案。这些案件多数都经过了周密安排，进行犯罪时只需向计算机输入指令，作案时间短且对计算机硬件一般不会造成损害，作案现场也不留任何痕迹。随着信息技术的迅猛发展，计算机犯罪技术也将日趋高科技化。目前，网上不但有黑客学校、黑客组织、黑客工具，而且每年都召开世界性黑客大会，交流黑客经验，这在客观上促进了网络犯罪技术的发展。同时，犯罪分子还互相传授技术，教唆犯罪。例如，犯罪分子为逃避侦查、打击，通过互联网相互传授使用代理服务器、邮件服务器和文件加密的方法。今后，计算机犯罪打击力度的不断加大将会进一步促使犯罪分子采用更高、更新的科技手段，从而使打击计算机犯罪呈现高对抗性。

2. 计算机犯罪行为隐蔽性强，侦查取证难

计算机犯罪作案时间的瞬时性、空间的不确定性及行为与后果的可分离性，决定了犯罪的隐蔽性。如设置时间逻辑炸弹，作

案人员可随心所欲地确定发作时间；传播计算机病毒等破坏性程序，可利用计算机网络由甲地向乙地发起攻击。这些犯罪行为都不容易被发现。此外，在侦查过程中，由于面对的往往是无形的电子数据，不但收集困难，而且判断、保全数据更困难。如怎样确定攻击的路径、账号和密码，如何恢复并确认被破坏的数据，如何破译加密的文件，如何反编辑设置有破坏性程序的执行指令等，技术难度都较大。

3. 计算机病毒将逐步与黑客程序融合，成为破坏网络和主机的主要攻击手段

目前，广泛流行的"特洛伊木马"型病毒也叫黑客程序或后门病毒。此种病毒一般分成服务器端和客户端两部分，如果计算机网络中服务器端被此程序感染，别人可通过网络中的其他计算机任意控制该计算机，并获得重要文件。国内流行的此类病毒有"BO""NETSPY"等。今后，这类病毒与黑客程序合二为一的黑客程序型病毒将不断滋生，对系统和信息的威胁也会日益增大。

（作者：蒋平，本文原载于《信息网络安全》2002年第6期）

中国计算机犯罪状况

这部分内容整理了中国计算机犯罪状况方面的研究成果。共收集了三篇文章：《我国计算机网络犯罪的基本现状》《我国计算机犯罪的状况分析》《中国与世界主要发达国家计算机犯罪的比较研究》。

文章分析了中国计算机犯罪的现状、主要类型和特点，预测了计算机犯罪的发展趋势。从比较法学的视角，探索了世界主要发达国家有关惩处计算机犯罪法律的特点，分析了中国现行有关惩处计算机犯罪法律和法规的不足，提出了完善办法和途径。

我国计算机网络犯罪的基本现状

一 我国计算机网络犯罪的基本状况

自1986年深圳发生我国首例计算机犯罪案件以来,针对或利用计算机系统的犯罪案件不断发生,对社会造成的现实危害越来越大。

从犯罪数量上看,计算机网络犯罪的总量持续上升。据有关部门统计,1999年全国共立各类计算机违法犯罪案件908起,其中刑事案件76起,行政案件83起。2000年全国共立案2670起,其中刑事案件238起,行政案件2432起。2001年全国共立案2741起,其中刑事案件304起,行政案件2437起。从《刑法》规定的两类典型的计算机犯罪案件立案数看,1999年至2001年全国共立案98起,其中1999年立案11起,2000年立案36起,是1999年的327%;2001年立案51起,是2000年的142%。

从犯罪区域分布上看,计算机网络犯罪主要集中在经济较发达、信息网络发展较快的东部地区。根据立案数地区分布情况看,案发地主要分布在北京、天津、辽宁、江苏、山东、上海、广东、浙江和福建等省市。

从犯罪类型上看,危害国家安全、破坏社会管理秩序、侵犯公私财物等犯罪突出,是我国当前计算机网络犯罪的主要形态。在破坏社会管理秩序的案件中利用计算机制作、复制、传播黄色淫秽物品案件占较大比重。同时近一、二年来出现了许多新的网络犯罪形态，如利用互联网传销和赌博等。

从危害后果看，计算机网络犯罪已对国家安全和社会稳定构成现实威胁。在国家安全方面，国际反华势力变换手段，利用互联网对我进行宣传、渗透，继续实施"西化""分化""弱化"的政治图谋。在国际反华势力的支持、鼓动下，境内外敌对分子搞所谓"网络民主""空中民主墙"，串联勾结，组党结社，泄密窃密，企图分裂国家、颠覆我政权。在社会稳定方面，各类不法分子针对我国处于体制转轨时期存在的失业、腐败现象等社会问题利用互联网进行造谣煽动，危害安定团结。在经济方面，计算机网络犯罪给国家、集体和个人造成的损失不断增加。

二 我国计算机网络犯罪的主要类型

1. 利用计算机信息网络为工具危害国家安全和社会稳定

主要表现在以下几个方面：①"法轮功"分子利用互联网传播邪教、宣传煽动、组织联络，与我对抗。1999年以来李洪志及其"法轮功"骨干利用互联网传播面广、速度快、隐蔽性强等特点通过互联网大肆宣扬歪理邪说，传播"经文"、指令，进行造谣、煽动，组织联络、聚集等非法活动；②民族分裂分子利用互联网煽动民族歧视和仇恨，利用电子邮件、网上聊天工具等手段进行串通联络，指挥、操纵境内的民族分裂分子从事破坏活动，企图分裂国家；③境内外敌对分子利用互联网散发传单、造谣煽动，企图颠覆我政权；境内外不法分子利用互联网窃取、泄露国家秘密。

2. 借助计算机信息网络妨害市场经济秩序和社会管理秩序

主要有以下几种形式：①利用互联网做虚假宣传和广告。2001年8月黑龙江省破获一起利用互联网作虚假宣传、非法传销互联网网络资源案。经查，某网站站长刘某自2000年11月份以来利用互联网发展下线人员162人，收取下线交纳的网页制作费209760元，从中获利10余万元。②利用互联网侵犯知识产权。1999年8月天津市公安机关破获王某利用计算机窃取天津某钢管公司商业秘密案。经查，犯罪嫌疑人王某非法复制该钢管公司锥形输变电杆设计程序并贩卖到天津、内蒙古、青海和湖北四省市。③利用计算机制作、传播黄色淫秽信息。其主要手法是从境外网站上下载黄色淫秽图片或电影粘贴到自己制作的主页上加以传播或制作黄色淫秽图片上传到自己或他人的网站或主页传播，或将自己的网站或主页链接境内外的色情黄色站点。2001年4月吉林省公安机关破获一起制作淫秽个人主页案。经查犯罪嫌疑人李某于2001年1月在某网站申请了免费空间，并把国外一些色情网站上的数十幅黄色淫秽图片粘贴到自己的主页上。④利用计算机散布虚假信息，扰乱社会秩序。2000年1月四川省公安机关破获赵某利用网上寻呼服务散布有害信息案。据查犯罪嫌疑人赵某于1月25日利用互联网假冒某市政府名义，从下午3时左右至晚上10时左右先后发布13条虚假信息，称国家地震局通知将有5~7级地震，引起当地市民恐慌，影响社会秩序。

3. 利用计算机为手段实施侵财性犯罪

主要手段有：①利用计算机实施盗窃。1999年，扬州发生郝氏兄弟俩使用遥控发射装置侵入计算机信息系统盗窃26万元巨款案。②利用计算机网络实施诈骗。1999年6月初，北京市公安机关破获了李某伪造邮政储蓄磁卡特大诈骗案。经查，犯罪嫌疑人李某于1999年1月初至5月底利用计算机复制、伪造邮政储蓄磁卡20余张，后持伪造卡冒领储户存款7万余元。③利用计算机技术盗卖他人股票或操纵股票交易，侵占证券营业部或股民资金。2001年1月，上海市公安机关成功破获黄某利用互联网诈骗案。经查，犯罪嫌疑人黄某自2000年4月至2001年11月间一直在广州市内的一些网吧上网，利用某网络进行网上诈骗，作案30余起，共骗取人民币约10万元。④利用计算机敲诈勒索。2001年8月河南省濮阳市公安机关破获王某利用计算机网络实施敲诈勒索案。经查，犯罪嫌疑人王某于8月23日向某公司发出一封恐吓信，要求该公司必须在7天之内向一指定账户汇款50万元，否则将对该公司实施爆炸。

4. 攻击信息系统，破坏网络安全

主要有两种形式：①非法侵入计算机信息系统。②破坏计算机信息系统。2001年10月，江苏省南通市公安机关破获李某破坏计算机信息系统功能案。经查，犯罪嫌疑人李某利用网吧电脑于10月20日侵入某科技局计算机网络，在网络账号中新增加一个具有超级用户权限的用户，并在中心服务器中安装了邮件账号窃听软件、账号破解器和其他监控程序，同时修改了中心服务器的密码使整个网络都处于他的控制下。

5. 利用互联网实施人身攻击，侵犯他人民主权利

2001年10月，河北省张家口市公安机关破获孙某利用互联网侮辱他人案。经查，犯罪嫌疑人孙某因谈恋爱不成而心怀不满，从境外某网站下载一张半裸体照片连同前女友姓名及其住宅电话、手机号码粘贴到某热线的"交友栏目"中，造成众多不明身份人员不断往其家中打电话骚扰，被害人因此不敢到校上学。

三　计算机网络犯罪的主要特点

1. 犯罪手段高科技化，且不断翻新

从1999年以来破获的计算机网络犯罪情况看，采用智能化手段作案的占80%以上，且每年都出现一些新的、智能化程度更高的犯罪手段。如"法轮功"骨干分子使用电子邮件加密、即时

通信服务等新技术进行联络串联。侵财型犯罪也出现许多新的作案手段，如以前多数是内部人员利用掌握系统口令和密码之便，直接进入计算机系统作案，1999年则在扬州发生了郝氏兄弟使用遥控发射装置侵入银行信息系统窃取26万元的特大盗窃案。2000年、2001年相继发生多起利用互联网进行非法传销案。

2. 犯罪行为隐蔽性强，侦查取证难

计算机犯罪作案时间的瞬时性、空间的不确定性及行为与后果的可分离性，决定了犯罪的隐蔽性。如设置时间逻辑炸弹，作案人员可随心所欲地确定发作时间，传播计算机病毒等破坏性程序，利用计算机网络可由甲地向乙地发起攻击，这些犯罪行为都不易被发现。1999年河南省公安机关在侦破何某、杨某利用互联网传播淫秽物品案中，发现犯罪分子在利用个人主页时采取虚假身份登记，且在主页不放淫秽内容，而使用注册域名掩盖物理地址，并修改了有害信息存贮格式以逃避安全检查。侦查过程中由于面对的往往是无形的电子数据，不但收集困难而且判断、保全数据更困难。如怎样确定攻击的路径、账号和密码，如何恢复并确认被破坏的数据，如何破译加密的文件，如何反编辑设置有破坏性程序的执行指令等。

3. 作案人员年轻化，多数是高智商

在1999年以来破获的493起刑事案件中25岁以下的犯罪嫌疑人486名，占犯罪人员总数的60%；在查处的4840起行政案件中，25岁以下的违法人员220名，占违法人员总数的59%。作案人员的学历层次也参差不齐，既有初、高中生，也有大专生、本科生，还有硕士、博士，但多数具有大专以上学历。在1999年以来破获的493起刑事案件中，具有大专以上学历的325人，约占犯罪人员总数41%；在查处的4840起行政案件中，具有大专或本科学历的4922人，约占违法人员总数的62%。

四 我国计算机网络犯罪的趋势预测

1. 犯罪数量继续增长

一方面，随着我国加入 WTO 及美国"9·11"事件的影响，网上政治斗争形势将越来越严峻，境内外"法轮功"分子及其他敌对势力、敌对分子在与我进行正面交锋多次失败后将继续利用互联网与我对抗。另一方面，随着计算机技术的普及，青少年从小都能接触、学习计算机并能很容易学到实施网络攻击或利用网络犯罪的方法和技术，因而具有实施网络犯罪能力的人将越来越多，相对目前而言，案件也将随之增多。从 1999 至 2001 年的计算机违法犯罪案件数量的纵向比较中可看出，计算机违法犯罪案件实际上一直在增长且幅度较大。随着网络的广泛应用，其他新类型的案件，如利用网络杀人、绑架、洗钱和贩毒等在国外已发生的犯罪案件，也将在我国发生。

2. 犯罪性质日趋严重，对社会稳定的危害会加剧

利用互联网危害国家安全、妨害社会管理秩序和侵财型犯罪在一定时期内仍然是网络犯罪的主要形式。随着计算机信息网络的日益普及和网上应用的不断扩大，境内外敌对势力、敌对分子利用网络进行宣传渗透、造谣诽谤、泄密窃密和组党结社等活动将日趋增多。网上宣传渗透的有害信息已涉及我国政治、军事、经济、科技文化和社会生活的各个领域，其数量之大、范围之广、速度之快、毒害之深，是其他媒体和手段所无法比拟的，因而对我国的国家安全和社会稳定构成严重威胁。由于网络将进入各行各业，针对和利用网络妨害社会管理秩序的案件将继续增加。随着国民经济和社会信息化进程的加快，涉及金融领域等计算机违法犯罪案件对经济秩序的破坏性也在加大。2000 年内，某银行开通网上银行服务后，多次受到黑客攻击，影响其正常业务

开展和信息网络安全。2000年3月，国内50家著名大型商场联合开办的网上商场遭黑客攻击，业务中断120个小时。

3. **犯罪将呈有组织化、国际化趋势**

计算机网络无国界、无海关、无警察，客观上有利于实施跨地区、跨国界犯罪。同时由于现实世界中的跨地区、跨国界犯罪目标大、限制多、风险高等因素，诱使犯罪分子利用网络实施犯罪。在1999年以来侦破的侵财性案件中团伙犯罪也占有一定比例，犯罪嫌疑人往往内外勾结，相互配合，分工明确。2000年1月工商银行重庆某支行发生270万元盗窃案，5名犯罪嫌疑人系亲属关系，作案中有人窃取内部授权IC卡，有人传授作案方法，有人利用计算机终端实施作案，有人负责取款，配合紧密。

4. **犯罪手段日趋高科技化、高对抗性**

从1999年以来侦破的计算机网络犯罪案件情况看，作案人员使用的技术手段越来越狡猾，多数犯罪经过周密安排，进行犯罪时只需要向计算机输入指令，作案时间短且对计算机硬件一般不造成损害，现场不留痕迹。随着信息技术的迅猛发展，犯罪技术也将日趋高科技化。从目前情况看，网上不但有黑客学校、黑客组织、黑客工具，而且每年都召开世界性黑客大会交流黑客经验，客观上促进了网络犯罪技术的发展。同时我们在工作中还发现犯罪分子相互传授技术，教唆犯罪。随着打击力度的不断加大，各类犯罪分子还会继续采用更高、更新的科技手段从而使打击网络犯罪呈现高对抗性。

5. **跨区域、利用公共信息服务场所实施犯罪将继续增长**

互联网作为国际化的开放性网络为实施跨区域计算机犯罪提供了便利条件，如利用主页实施违法犯罪时，犯罪分子多采取在异地申请个人空间，并将含有有害数据的主页与正常主页进行多层链接。在利用电子邮件犯罪时，多在境外申请电子邮箱，并通过境外邮件服务器转发以掩盖发件的真实地址，使作案行为地与结果地分离。部分违法犯罪人员为隐蔽其犯罪行为、逃避打击，利用网吧等公共信息服务场所隐藏真实身份上网作案的情况也比较突出。

（作者：蒋平，本文原载于《信息网络安全》2003年第1期）

我国计算机犯罪的状况分析

1997年10月1日新修订的《中华人民共和国刑法》(以下简称《刑法》)正式实施前,我国对计算机犯罪案件还没有一个统一的司法认定标准,对利用计算机进行的犯罪一般都归入传统犯罪之列,以传统犯罪进行统计,因而对计算机犯罪的状况难以掌握。新修订的《刑法》颁布后,司法机关开始对计算机犯罪进行统计,但所持的标准却不尽一致。有的仅统计《刑法》第285、286条规定的计算机犯罪,即非法侵入计算机信息系统罪和破坏计算机信息系统罪;而有的将《刑法》第287条规定的利用计算机进行的各类犯罪也列入统计范畴;还有的将针对或利用计算机进行的行政违法行为也列入计算机犯罪范畴进行统计。本文主要以《刑法》第285、286、287条,即非法侵入计算机信息系统罪、破坏计算机信息系统罪和利用计算机信息系统罪为依据,对我国的计算机犯罪现状进行分析。对于1997年以前的计算机犯罪情况,采取分析典型案例的方法来揭示其规律和特点;对于1998年以来的计算机违法犯罪情况,主要是对有关部门统计并公布的资料进行分析。

一 1997年以前我国计算机犯罪的状况分析

笔者收集了发生在1986至1997年之间的137起较为典型的案例,透过对这些案例的分析,可窥见1997年以前我国计算机犯罪的一些基本特点。

1. 从案件发生的时间上看，计算机犯罪呈逐年上升趋势（见表1）

表1　历年计算机犯罪统计

单位：起

案发时间（年）	案件数量	案发时间（年）	案件数量
1986	1	1992	5
1987	1	1993	10
1988	2	1994	23
1989	3	1995	26
1990	4	1996	27
1991	4	1997	31

2. 从案件的性质上看，侵占财产类案件在计算机犯罪中所占的比重较大

从案发行业看，发生在金融系统的案件在计算机犯罪中占了大半，为58.39%。这在很大程度上说明利用计算机实施侵占财产类犯罪是主要的计算机犯罪形式（见表2）。

表2　计算机犯罪行业统计

单位：起

案发行业	案件数量	所占比例（%）
党政机关	3	2.19
事业单位	5	3.65
企业单位	45	32.85
金融系统	80	58.39
其他行业	4	2.92

3. 从犯罪嫌疑人的职业看，从事与电脑有关职业的内部工作人员居多

从收集到的137起案例看，实施计算机犯罪的多数是接受过电脑训练并从事与电脑工作相关的人员。如会操作电脑的财务、审计人员，金融系统的电脑操作员、程序员或管理员、企事业单

位的电脑操作员和管理人员等。除身份不详的犯罪嫌疑人外，按照电脑管理员、程序开发员、电脑操作员和学生四种类型进行划分，电脑操作员在计算机犯罪中是作案最多的一类（见表3）。

表3 犯罪嫌疑人职业统计

单位：起，%

	犯罪嫌疑人职业			
	电脑管理员	程序开发员	电脑操作员	学生
案件数量	43	5	82	7
所占比例	31.39	3.65	59.85	5.11

计算机是一种先进的应用工具，在实际操作中既要有特定的程序，又要与具体部门的业务紧密联系，只懂技术不懂业务或只懂业务不懂技术的人都很难实施计算机犯罪，因而实施计算机犯罪的绝大多数都是单位内部既懂业务又懂技术的工作人员，或者是搞技术和搞业务的人员相互勾结，共同作案。如在证券公司发生的利用计算机挪用公款炒股案件中，绝大部分是前台工作人员与后台计算机操作员共同实施的犯罪。在所收集的137起案例中，内部工作人员作案84起，占比为61.31%（见表4）。

表4 犯罪类别统计

单位：起，%

	案犯类别		
	内部	外部	内外勾结
案件数量	84	44	9
所占比例	61.31	32.12	6.57

4. 从犯罪嫌疑人的自然情况看，有一定文化的年轻人居多

在我国，犯罪嫌疑人呈低龄化趋势，在校学生实施的计算机犯罪呈增长趋势（见表5）。1997年以前，我国计算机犯罪的犯罪嫌疑人一般为28岁以下的青少年，这与发达国家的情况大体一致。在所收集的137起案例中，知道主犯年龄的有78起，其中15~28岁年龄段的有55人；知道从犯年龄的有16起，其中15~28岁年龄段的有11人。

表5 犯罪年龄统计

单位：起,%

	主犯年龄			
	14岁及以下	15~28岁	29~45岁	46岁及以上
案件数量	0	55	22	1
所占比例	0	70.51	28.21	1.28
	从犯年龄			
	14岁及以下	15~28岁	29~45岁	46岁及以上
案件数量	0	11	4	1
所占比例	0	68.75	25	6.25

计算机犯罪的作案人员都有一定的学历水平，有的虽仅仅是高中毕业，也并非技术高超的计算机专家，但对电脑技术却颇有研究，较为精通。在这137起案件中，知道作案者学历的有47人，其中具有大专以上学历的有33人，占70%以上（见表6）。

表6 作案人员文化程度统计

单位：起,%

	作案人员文化程度			
	高中以下	大专	本科	研究生以上
案件数量	14	9	19	5
所占比例（%）	29.79	19.15	40.42	10.64

计算机犯罪的犯罪嫌疑人多数是男性，女性犯罪嫌疑人基本上是从事财会、储蓄等工作的计算机操作人员。在这137起案件中，知道作案者性别的有117起，其中男性犯罪嫌疑人有107人，女性犯罪嫌疑人仅10人，占8.55%（见表7）。

表7　主犯性别统计

单位：起，%

	主犯性别	
	男	女
案件数量	107	10
所占比例	91.45	8.55

二　1998年以来我国计算机违法犯罪的状况分析

根据有关部门公布的统计数字分析，1998年以来我国计算机违法犯罪的主要情况如下：

1. 计算机违法犯罪的特点

（1）从计算机违法犯罪案件的数量看，计算机违法犯罪率逐年增长。据有关部门统计，1998年发生针对计算机信息系统的刑事案件24起，行政案件118起；1999年发生刑事案件75起，行政案件833起；2000年发生刑事案件238起，行政案件2432起；2001年发生刑事案件87起，行政案件3958起。可见，计算机违法犯罪年增长幅度较大，形势不容乐观。

（2）从计算机违法犯罪行为实施者的自然情况看，多数是具有高智商的青少年。在1999年以来破获的计算机违法犯罪案件中，受到处罚的各类违法犯罪人员以青少年居多。以1999年某省破获的13起刑事案件为例，25岁以下的犯罪分子占犯罪人员总数的60%；在该省查处的40起行政案件中，25岁以下的占违法人员总数的59%。此外，作案人员的学历层次也参差不齐，既有初、高中生，也有大专生、本科生，还有硕士、博士，但多数具有大专以上学历。

（3）从计算机违法犯罪发生的领域看，信息服务业是重点。从案发领域看，计算机犯罪已由前几年集中在金融系统、党政机关，向信息服务业、党政机关、金融系统发展，甚至在国防军工系统也发生了计算机违法犯罪案件，但其中的信息服务业是重点。在1999年某省发生的计算机违法犯罪案件中，发生在信息服务业的案件占全年立案总数的近一半，金融系统发生的刑事案件占全年刑事案件立案总数的32%。在2000年该省发生的各类案件中，发生在信息服务业的案件占全年立案总数的44%，其他发案较多的领域依次是科教系统、党政机关、金融系统。2001年，该省发生在信息服务业的违法犯罪案件占全年立案总数的58%，其他发案较多的领域依次是科教系统、金融系统、党政机关。同时，一些新的犯罪类型（如利用互联网招募犯罪团伙成员、诱奸、骗婚、赌博以及进行非法传销活动等）也不断出现。例如，2000年4月，某犯罪嫌疑人在某市"某某家园"网站的BBS上公开招募犯罪团伙成员，在短短的几天内就收到6封提供盗窃、抢劫目标和表示愿意参与犯罪的电子邮件。又如，2001年，西安发生了一起利用互联网骗婚案。

（4）从计算机犯罪的作案手段看，科技含量越来越高且不断翻新。从1999年以来破获的计算机犯罪情况看，采用智能化手段作案的占80%以上，且每年都会出现一些新的、智能化程度更高的犯罪手段。侵占财产型犯罪出现了许多新的作案手段：一是利用计算机修改、伪造、空存存款数额，盗窃、诈骗银行或储户资金；二是利用计算机进行卡、证犯罪；三是利用计算机技术盗卖他人股票或操纵股票交易，侵占证券营业部或股民资金。以前多数是内部人员利用掌握系统口令和密码之便进行犯罪，而近年来则出现了利用高科技手段直接从外部进入计算机信息系统作案的情况，如1999年扬州发生的郝氏兄弟使用遥控发射装置侵入银行信息系统窃取26万元的特大盗窃案即是其中一例。

（5）从计算机犯罪的侦查取证方面看，犯罪行为隐蔽性强。

计算机犯罪作案时间的瞬时性、空间的不确定性及行为与后果的可分离性，决定了这种犯罪具有很大的隐蔽性。如通过设置时间逻辑炸弹进行计算机犯罪，作案人员就可随心所欲地确定发作时间；又如，在实施制作、传播计算机病毒等破坏性程序行为时，作案人员可利用计算机网络由甲地向乙地发起攻击。显然，这些犯罪行为都不容易被发现。1999年，河南省公安机关在侦破何某、杨某利用互联网传播淫秽物品案中，发现两案犯在利用个人主页时采取虚假身份登记，主页不放淫秽内容，修改有害信息存储格式等方式逃避安全检查。在侦查过程中，由于侦查人员面对的往往是无形的电子数据，不但收集困难，且判断、保全数据更困难。因此，怎样确定攻击的路径、账号和密码，如何恢复并确认被破坏的数据，如何破译加密文件，如何反编辑设置有破坏性程序的执行指令等，技术难度都较大。

（6）从计算机犯罪的危害后果看，已对国家安全和社会稳定构成现实威胁。在国家安全方面，国际反华势力已变换手段，利用互联网对我国进行宣传、渗透，继续实施"西化""分化""弱化"的政治图谋。在国际反华势力的支持、鼓动下，境内外敌对分子利用互联网串联勾结，组党结社，泄密窃密，企图分裂国家，颠覆我国的政权。在社会稳定方面，各类不法分子针对我国处于体制转轨时期存在的失业、腐败等社会问题，利用互联网进行造谣煽动，危害国家的安定团结。在经济方面，计算机犯罪给国家、集体和个人造成的损失一直在不断增加。

2. 计算机犯罪的类型

1998年以来，我国的计算机犯罪几乎涉及《刑法》保护的所有领域，其中又以利用计算机信息网络危害国家安全、破坏社会管理秩序和侵犯公私财物为主要的犯罪形式。

（1）以计算机信息网络为工具，危害国家安全和社会稳定。近年来，境内外不法分子利用互联网窃取、泄露国家秘密的案件时有发生。如1999年，山东、河北等地发生"法轮功"非法组织利用互联网泄露我国处置"法轮功"有关部署机密的案件；四川、山西和广东发生过泄露军事机密案件。另外，云南、江苏还发生过泄露机要部门电话号码案件。这些计算机犯罪的作案手法主要为：①通过各种渠道获取机密信息，然后将之张贴在BBS和个人主页上；②通过电子邮件将国家机密信息散发至境内外。

（2）借助计算机信息网络，妨害市场经济秩序和社会管理秩序。一是利用互联网做虚假广告和宣传。如2001年8月，黑龙江省破获一起利用互联网做虚假宣传、非法传销互联网网络资源案。自2000年11月份以来，某市一些不法分子加入广州某网络传销互联网网络资源，并大肆进行传销宣传，广泛吸收下线人员，从下线人员交纳的网页制作费中牟取暴利。二是侵犯知识产权。1999年8月，天津市公安机关破获王某利用计算机窃取某钢管公司商业秘密案。经查，犯罪嫌疑人王某非法复制该公司某产品设计程序，并贩卖到天津、内蒙古、青海和湖北四省市。三是利用计算机制作、传播黄色淫秽信息，这主要有三种手法：①从境外网站下载黄色淫秽图片或电影粘贴到自己制作的主页上加以传播；②制作黄色淫秽图片上传到自己或他人的网站或主页传播；③从自己的网站或主页链接境内外的色情黄色站点。2001年4月，吉林省公安机关破获一起制作淫秽个人主页案。经查，犯罪嫌疑人李某于2001年1月在某网站申请了个人主页，并把国外一些色情网站上的数十幅黄色淫秽图片粘贴到自己的主页上。3月31日，李某又在BBS论坛上发布题为《美女站点大揭秘》的消息，公布了自己的个人主页地址及进入顶级图片页面的密码。四是利用计算机散布虚假信息，扰乱社会秩序。2000年1月25日，犯罪嫌疑人赵某于下午3时至晚上10时左右假冒某市市政府名义，利用互联网先后发布13条信息，称国家地震局通知某月某日在某地将发生5~7级地震等虚假信息，从而引起了当地市民的恐慌，严重影响了社会稳定。

（3）利用计算机实施侵占财产性犯罪。利用计算机实施侵占财产类犯罪仍是我国计算机犯罪的主要形式。随着我国信息网络建设的不断发展，金融、财会领域利用计算机网络的规模日益扩大，财富逐渐集中到计算机上，因而电子货币也将成为计算机犯罪分子的目标。目前发现的主要犯罪形式有：①利用计算机实施盗窃。②利用计算机网络实施诈骗。1999年6月初，北京市公安机关破获了犯罪嫌疑人李某伪造邮政储蓄磁卡的特大诈骗案。经查，李某于1999年1月初至5月底利用计算机复制、伪造邮政储蓄磁卡20余张，持伪造卡冒领储户存款7万余元。③利用计算机技术盗卖他人股票或操纵股票交易，侵占证券营业部或股民资金。2001年1月，犯罪嫌疑人黄某在某交易网站登记拍卖一台"索尼"牌笔记本电脑，并以电脑电源受损为由，提出以原价三分之一的诱人价格出手。于是，一位网民便私下与黄某电话联系，并约定了付款和交货方式。当这位网民将570元人民币汇入对方银行账号后，收到的却是通过EMS快递来的两袋洗衣粉。④利用计算机敲诈勒索。2001年8月，河南省某市公安机关破获了王某利用计算机网络实施敲诈勒索案。经查，犯罪嫌疑人王某向某公司发了一封署名恐吓信，要求该公司必须在几天之内向一指定账户汇款50万元，否则将对该公司实施爆炸。同时，王某还提供了供双方联系的电子信箱。

（4）针对信息网络系统，破坏网络安全。一是非法侵入计算机信息系统。1999年8、9月份，我国20余个政府部门网站或主页遭黑客攻击。有的主页被修改，有的主页被粘贴上有害信息，甚至有的网络系统被攻击瘫痪。二是破坏计算机信息系统。三是破坏计算机信息系统数据和应用程序。2001年3月，上海市公安机关破获攻击某有线电视网站案。经查，犯罪嫌疑人鲍某于3月16日下午利用该电视网系统的漏洞，侵入系统并控制了WEB系统，将系统重要的配置文件、网站主页、邮件系统资料、BBS系统资料等全部删除，造成网站瘫痪2个多小时，且邮件系统资料、BBS系统资料无法挽回。四是故意制作、传播计算机病毒等破坏性程序。2001年2月10日，黑龙江省佳木斯市公安机关破获一起非法安装黑客程序案。经查，犯罪嫌疑人弓某利用在互联网上下载的黑客程序，在受委托开发推广的"医疗保险网络管理系统"网管中心管理的各个节点上安装了该病毒程序。五是中断计算机信息网络或信息通信服务。

（5）利用互联网实施人身攻击。2001年10月，河北省张家口市公安机关破获一起利用互联网侮辱他人案。经查，犯罪嫌疑人孙某因谈恋爱不成心怀不满，于是便从境外某网站下载了一张半裸体照片，连同前女友姓名及其住宅电话、手机号码都粘贴到网上，造成众多不明身份人员不断往其家中打骚扰电话，被害人因此不敢到校上学，身心备受伤害。

（作者：蒋平，本文原载于《信息网络安全》2002年第5期）

中国与世界主要发达国家计算机犯罪的比较研究

计算机犯罪是伴随着计算机的发明和应用而产生的一种新型犯罪方式。随着国际互联网的普及和广泛应用,计算机犯罪率不断上升,造成的社会危害不断增加。美国等发达国家从 70 年代起即开始研究计算机犯罪问题,尽管仍没有形成完整的学科体系,但在法律控制等方面已有不少研究成果。我国由于计算机普及率不高,全社会对这种新型的犯罪还未引起足够重视,表现在研究方面成果不多。本文从比较法学的视角,探索世界主要发达国家有关惩处计算机犯罪法律的特点,分析我国现行有关惩处计算机犯罪法律、法规的不足,进而提出完善的办法和途径。

法律控制是犯罪控制中最具强制性的手段。自阶级社会存在以来,它一直是统治阶级用以维护阶级利益、维持统治秩序的法宝。计算机犯罪,不论是刑法意义上的犯罪,还是犯罪学意义上的违法,对国家安全和社会安宁都造成危害,因而世界各国都重视立法控制。我国惩处计算机犯罪的立法工作虽然起步较晚,但近年来也相继出台了一系列法律、法规。

一 世界主要发达国家计算机犯罪立法状况及特点分析[①]

(一) 美国

美国是一个实行判例法制度的联邦制国家,刑事法律由四部

[①] 文中所引外国法律译自戴维·伊科夫,卡尔·西格和威廉·凡斯托奇(David Icove, Karl Seger and Willian Vonstorch)所著的《计算机犯罪——打击犯罪者手册》(*Computer Crime – A Crime fighter's Handbook*, 1995)一书的附录及互联网上有关网站公布的相关国家的法律。

分组成：美国联邦刑法①，50个州的50部州刑法，联邦和州制定的各种行政法规、经济法规中包含的刑法条款，以及联邦最高法院、联邦上诉法院和各州的上诉法院的判例集。美国法律对犯罪与违法不作区分，持一元犯罪观，即犯罪学上的犯罪概念，体现在立法上即没有严格意义的刑法和行政法之分。

1. 有关计算机犯罪法律的基本内容

关于计算机犯罪的立法，美国政府早在1965年即采取由总统行政办公室发布内部通知的形式，保护计算机安全；1970年美国颁布了《金融秘密权利法》，限制一般个人或法人了解银行、保险业及其他与金融业有关的计算机中所存储数据，禁止在一定时间内把有关用户的"消极信息"向第三者转让。1978年美国佛罗里达州制定了《计算机滥用法》，1979年加利福尼亚州颁布了《计算机犯罪限制法》。1984年美国国会通过了《伪造存取手段及计算机诈骗与滥用法》。同年，美国国会还通过了《中小企业计算机安全教育培训法》，1986年美国国会通过了《计算机诈骗与滥用法》，1987年又颁布了《联邦计算机安全处罚条例》。从80年代初始，美国许多州针对计算机犯罪问题制定了一系列法律。条文涉及的面很广，如1981年佐治亚州立法机构制定了《佐治亚州计算机系统保护法》，其他州的法律与之很相似。制定《佐治亚州计算机系统保护法》，即《佐治亚法典》第16-9-91款时，主要基于以下三种考虑：一是计算机犯罪率正在增长，二是计算机犯罪造成的损失大于白领阶层中其他犯罪所造成的损失，三是传统的刑法条款无法起诉涉及计算机犯罪的人。在该法中，对各种技术术语作了严格定义，尤其是对"访问"（access）一词，法案将其定义为"对某一计算机系统或计算机网络中任一资源的接近、指挥、与之通信，向其中存入数据，从其中获取数据

---

① 由美国法律、法令、法规汇编的《美国法典》第18篇。

或加以利用"。《佐治亚法典》第 16-9-93 款中规定："任何未经批准即直接或间接地访问，企图访问任一计算机、计算机系统、计算机网络或其中某一部分，以及导致它们被访问的人"，"任何未经批准即直接或间接地访问、更改、损害、破坏，或企图损害、破坏任何计算机系统、计算机网络和任何计算机软件程序或数据的人"，都被认为是触犯了本法。触犯此法最多可被判处15年监禁并处5万美元以上的罚金。比如，在复制程序和文件时未经批准访问了公司的计算机系统，只要作了上机（log on）的动作即触犯此法，仅仅是企图访问或破坏，也构成犯罪。

1996年10月11日修正通过的《美国法典》第18篇中的第1030节《关于计算机通信中的欺诈及相关行为的刑事法律》，对涉及计算机犯罪的处罚作了具体规定。第一，其界定了犯罪的行为特征：①未经许可或超出许可范围有意访问计算机系统，并通过这种行为获取受美国政府保护的国防和外交方面的信息，或《1954年原子能法案》所规定的受限制的数据；②未经许可或超出许可范围故意访问计算机系统，并因此获得金融机构或《美国法典》第15篇第1602（n）节中所规定的信用卡发行者的金融信息，或有关消费者的信息；③未经许可故意访问美国政府机构或代理机构的非公用计算机，政府专用计算机，或在非专用情况下计算机被美国政府所使用，或为其服务，且这种行为影响这样的使用和服务；④未经许可或超出许可范围访问被保护的计算机，并打算通过这种行为进一步欺诈并获取任何有价值的东西，但欺诈的对象和获取的东西仅仅为了计算机的使用，而且这种使用的价值在任何一年的期限内不超过5000美元；⑤有意引起程序、信息、代码或命令传播，且这种行为故意导致损坏被保护的计算机；未经许可故意访问被保护的计算机，且这种行为轻率地导致损坏被保护的计算机；⑥故意以使计算机未经许可而可能被访问的任何密码或类似信息，从事第1029节所界定的欺诈性交易；

⑦故意向任何人、公司、协会、教育机构、金融机构、政府实体或其他合法实体，敲诈到任何货币或其他有价值之物，在州际商务或外贸中，传播任何含有任何威胁导致损坏被保护计算机的信息。第二，该法典规定了处罚幅度，有四个等级：①罚款或一年以下监禁，或二者同时执行；②罚款或五年以下监禁，或二者同时执行；③罚款或十年以下监禁，或二者同时执行；④罚款或二十年以下监禁，或二者同时执行。第三，该法典规定了执行处罚的机构：除司法机构外，美国联邦经济情报局有权进行部分犯罪的调查和处罚。法典同时规定，美国联邦经济情报局的这种权力将按照财政部长和司法部长讨论决定的协议行使。第四，法典对有关术语进行了规定：①"计算机"指电子的、磁性的、光学的、电子化学的或其他方面的，完成逻辑、数学或储存功能的高速数据处理设备，且包括与此相关或在操作中与此相连接的数据储存设备或通信设备。但不包括自动打字机或排字机，移动或手持计算器或其他类似设备。②"被保护的计算机"指一台计算机为金融机构或美国政府专用，或者在非专用情况下被金融机构或美国政府使用，或为它们服务，且构成攻击的行为影响了这样的使用和服务，此外，该计算机也指其在州际或涉外的商贸或通信中被运用。③"州"包括哥伦比亚特区、波多黎各共和国以及美国拥有或领土上的所有其他州。④"金融机构"指拥有存款的机构，其存款得到联邦储蓄保险公司的保险。⑤"金融记录"指来源于金融机构拥有的任何记录的信息，该记录属于顾客与金融机构之间的关系。⑥"超出许可范围"指访问得到许可的计算机，并利用这种访问获取或改变计算机内的信息，而访问者未被授权得到或改变这些信息。⑦"美国政府部门"指政府的立法或司法部门，或第5篇第101节列举的行政部门之一。⑧"损坏"指任何损害数据、程序、系统，或信息的完整性或可用性，这种损害导致在任何一年期间对一个或更多人在价值上损失合计最少5000

美元；修改或破坏，或潜在地修改或破坏一个或更多个人的医学检查、诊断、治疗或护理信息，导致对任何人的人身伤害；或威胁公共健康与安全。⑨"政府实体"包括美国政府、任何州或州以下行政单位、任何外国和外国的任何州、省、市或市以下行政单位。

2. 有关计算机犯罪法律的特点

美国的计算机犯罪刑事立法有如下特点：①保护的对象广泛，不但与政府、国防、外交有关的计算机系统受保护，而且金融机构、医疗部门的计算机也受保护。②强调行为与结果的统一，没有规定单一的行为罪，行为必须产生结果，否则不予治罪。比如故意访问政府、国防或金融机构的计算机犯罪，其行为结果必须是获取信息或对使用和服务产生影响；故意访问其他计算机系统犯罪，其行为结果必须是借此进行诈骗或实施破坏等。③规定了非授权访问或超出给定的访问权限。明确在此范围内对计算机访问是合法的，超出此范围即违法。④对有关述语，特别是"计算机"的概念作了明确规定。目前，通常所说的"计算机"或"电脑"，一般是指电子装置的计算机，而《美国法典》明确计算机既包括电子的，也包括将来可能产生的光学的、电子化学的或其他方面的计算机，使该法具有较长的效力和相对的稳定性，同时不至于对突然出现的法律问题束手无策。⑤量刑处罚规定具体，易于操作。

（二）英国

在英国，惩处计算机犯罪的立法经历了一个过程。1968年，英国制定了《反盗窃法》，将伪造账目的犯罪行为定义为改变、取消、毁坏账目或利用账目进行欺诈。但是，该法没有规定偷窃信息罪。在当时的英国，一般认为信息不是财富，不可能被偷窃，因而在计算机数据遭偷窃的情况下，无法采用该法进行诉讼。该法虽然规定了欺诈罪，但该法对计算机犯罪的适用性是人而不是计算机被骗。1981年颁布的《假冒和伪造法》规定，故意制作使人信以为真的物品，应适用该法处罚。但由于该法要求被假冒的对象必须是能永久存在的物品，因而对计算机犯罪的适用性不大。但该法案又规定通过一个假冒的装置获得了对计算机的访问，比如一个假冒的电子识别系统或者如果计算机受到操纵而产生的控制物品或资金进出的文件，都可适用该法。改变计算机内数据导致文件发出而产生的诈骗，不适用该法，因为是计算机而不是人受到欺骗，是计算机而不是人制作了假冒产品。1971年颁布的《刑事损害法》规定，非法毁坏或损害别人财产，或过失行为导致对别人财产的毁坏或损害，除对典型的诸如病毒、"特洛伊木马"、逻辑炸弹等计算机滥用适用外，也适用处罚针对计算机或数据的恶意破坏的犯罪行为，如可对故意删除计算机程序而导致机器不能操作的行为进行处罚。在1981年修订的《文书与伪造法》、1984年修订的《数据保护法》和《警察与刑事证据法》中，都有惩处计算机犯罪的条款。前两部专门法属于实体法，后一部属于程序法。《文书与伪造法》制定的背景是当时复印技术高度发达，复印件与原件难辨真伪。在该法第1章第18条解释"伪造文件"概念时，将利用电子等手段伪造磁盘、录音带等行为也定为"伪造罪"。《数据保护法》规定，利用电脑处理的数据受到保护。《警察与刑事证据法》规定，电子记录物也具有证据能力。1985年7月，英国颁布了《计算机软件版权修正法》。关于计算机滥用问题，1987年苏格兰法律委员会进行了专项研究，1989年英格兰和威尔士法律委员会也进行了专项研究。在此基础上，英国于1990年制定了《计算机滥用条例》。同年8月29日在该条例的实施细则中规定，在无视授权的情况下，任何存取和修改计算机程序或数据，或有此企图的行为，都是违法行为。但该法例只是对安全措施的补充，并不能取代安全措施，安全措施应当明确定义是谁授权使用计算机系统。在一个计算机系统中若没有存取控制功能，很难证明某个人犯了罪。该条例规定了三项特别罪行，即未经授权存取计算机程序或数据，有其他犯罪企图的存取行为，未经授权修改存储于计算机中的程序和数据等。

1. 未经授权存取罪

这一罪行是为处理黑客问题而设立的，同时也可以处理授权用户对计算机中未经授权部分进行存取的问题。

该条例第一条第一款规定：一个人有以下行为，被认为是犯罪：①他对任一有安全措施的计算机进行程序或数据的存取；②他所做的存取行为是未经授权的；③他知道所做的行为意味着什么。为证实此项罪行需要如下证据：①存取是经过周密安排的；②存取行为是未经授权的；③本人知道此行为是未经授权的。

第一条第二款规定：犯有此罪的人的企图不一定针对：①某一特定的程序或数据；②某一特定类型的程序或数据；③某一特定计算机中的程序或数据。犯有第一条罪行的人将被处以2000英镑以下的罚款或6个月以下的监禁，或两者并罚。

2. 有其他犯罪企图罪

对目的是实施其他更严重的罪行而进行未经授权的存取，将受到更严厉的处罚。

第二条第一款规定：一个人如果犯有未经授权存取罪，且其目的是：①为了犯罪；②便于犯罪（无论是为自己还是为他人）。

为证实此项罪行，需要如下证据：①经过周密计划存取计算机；②行为未经授权；③本人知道是未经授权计算机。

犯此条罪行的人可判处5年以下的监禁，或无上限的罚款。

3. 未经授权修改罪

未经授权修改罪意味着对计算机中程序或数据进行任一修改，并确实知道此行为未经授权，并带有损坏计算机操作的企图。输入病毒、木马、逻辑程序和定时炸弹都属此条罪行之列。

这种修改是暂时的还是永久的并不重要。重要的是有无企图损害计算机系统，有无造成立即或即将发生的破坏。

第三条第一款规定，一个人如果有下列行为则构成犯罪：①他所做的行为造成某一计算机内容的修改；②此时他有这样做的必备企图和必备知识。

为证实此项罪行需要证明修改者有未经授权做修改的必备知识和恶意的必备企图。

第二款规定，必备企图是指有造成计算机内容修改的企图，并达到了如下目的：①损害计算机运行；②阻止或妨碍对计算机中的程序或数据进行存取；③损害程序的正常运行，或破坏数据的可靠性。

第三款规定，这种企图不一定针对：①某一特定的程序或数据；②某一特定类型的程序或数据；③某一特定计算机中的程序或数据。

犯有第三条罪行的人将判处 5 年以下的监禁，或无上限的罚款。

上述英国计算机犯罪刑事法律的特点是：①保护对象更宽泛，只要计算机系统采取了安全措施，对该系统的非授权存取都是犯罪行为；②规定犯罪对象仅是计算机程序或数据，或计算机系统的运行；③强调行为人知道自己的行为是非授权的。

（三）意大利

1994 年 1 月，意大利为惩处计算机犯罪，对刑法有关条款进行了修改和集成，形成了意大利针对计算机犯罪的专门法规。其主要内容有：

1. 攻击公共福利系统

任何犯有旨在损害或破坏计算机及通信类公共福利系统的，或旨在损害或破坏其中数据、信息或程序的人，将受到一至四年的监禁。若此行为使系统、数据、信息或程序受到实际损害或破坏，或者其后果造成系统部分中断，监禁判决将增为三至八年。

2. 未经授权存取计算机或通信系统

任何获取进入受安全措施保护的计算机或通信系统的未经授权存取的人，或者违背授权人意愿的人，将受到三年以下的监禁处罚。如果是公务员或公众服务业职员滥用职权或渎职，私人调查员或系统操作员滥用职权，监禁将增加一至五年。

上述1、2条，若涉及军用计算机或通信系统，或者公共秩序、公共安全、健康、人身保护或其他公共利益，监禁判决将相应升至一至五年和三至八年。

3. 未经授权拥有和扩散存取计算机和通信系统的代码

任何旨在谋取自己或他人利益，或旨在损害他人利益而获取、复制、传播、发送或传递受安全措施保护的计算机或通信系统的存取代码、关键字或其他内容的人，或者为达此目的向他人提供适当提示或指导的人，将受到一年以下的监禁处罚。

4. 扩散企图损害系统或中断计算机系统运行的程序

任何传播、发送或传递由自己或他人编制的计算机程序，旨在或实际上损害计算机或通信系统，或其中数据、信息或程序，或实际上全部或部分地中断或更改系统运行的人，将受到两年以下的监禁处罚。

5. 截取、干扰或非法中断计算机或通信系统运行

任何以诈骗方式截取、干扰或非法中断计算机或通信系统或若干系统之间通信的人，将受到四个月至四年的监禁。

6. 安装能够截取、干扰或中断计算机或通信系统的设备

除了法律特许之外，任何安装能够截取、干扰或中断一个或多个计算机或通信系统之间的通信设备的人，将受到一年至四年的监禁处罚。

7. 伪造、更改或封锁计算机或通信系统内容

任何旨在谋取自己或他人利益，或旨在损害他人利益，全部或部分地伪造、更改或封锁一个或多个计算机或通信系统内容，甚至截取内容，将受到一至四年的监禁处罚。

上述3、5、6、7条，①若行为引起政府，或其他社会团体，或者向公众提供服务，或满足公众需要的公司使用的计算机或通信系统受到损害；②若犯此行为的人是滥用职权或渎职的公务员或公众服务业职员，或是滥用职权的系统操作员；③若犯此行为的是私人调查员，或未经授权的人，将加重处罚。

8. 损害计算机或通信系统

任何全部或部分地破坏或损伤他人的计算机或通信系统，或程序、数据和信息，将受到六个月至三年的监禁处罚。若犯此行为的人是滥用职权的系统操作员，判决将在一至四年之间。

9. 计算机诈骗

使用任意手段更改计算机或通信系统的人，或利用其中数据、信息和程序为自己或他人谋取利益的人，将受到六个月至三年的监禁处罚。若犯此行为的人是滥用职权的系统操作员，判决将是一至五年的监禁。

上述意大利计算机犯罪刑事法律的特点是：①除计算机运行及信息、程序外，将计算机犯罪的对象扩大至通信系统；②根据系统的性质和犯罪主体的特点，规定加重处罚的情节。比如加重处罚对军事系统的非授权存取行为，加重处罚利用职务便利或知法犯法的人员等；③对计算机犯罪的手段作了比较详尽的规定。

（四）澳大利亚

澳大利亚在刑法中规定以下行为是计算机犯罪：①蓄意或未经许可获得储存于联邦电脑或以联邦的名义储存于非联邦电脑中的资料的行为；②任何个人蓄意或未经许可获得或查看储存于联

邦电脑或代表联邦储存于非联邦电脑中的资料，且本人知道或理应知道与澳大利亚的安全、国防或国际关系，与联邦、州或县的法律实施，公共安全，他人的隐私，贸易秘密，金融资料，商业秘密等有关；③个人蓄意、未经许可或无合法理由毁坏、消除或改变联邦电脑中的资料或向其中输入资料；干扰、中止或阻碍联邦电脑的合法使用；毁坏、消除、改变或增加以联邦名义储存于非联邦电脑中的资料；妨碍、获取或削弱储存于联邦电脑中的资料或以联邦名义储存于非联邦电脑中的资料的有用性或有效性；④利用联邦电脑或传输设备（carrier）操作或利用其他设备有意欺骗他人，蓄意或未经许可获得或查看本人知道或理应知道澳大利亚的安全、国防或国际关系及公共安全、他人隐私、贸易秘密等有关的资料；⑤利用联邦电脑或传输设备所操作或提供的设备，蓄意、未经许可或无合法理由毁坏、消除或改变联邦电脑中的资料或向其中输入资料；干扰、中止或阻碍联邦电脑的合法使用；妨碍、获取或削弱电脑资料的有用性或有效性。

（五）加拿大

加拿大的传统法律认为，伪造罪和侵犯财产罪的客体必须是"有形物"，计算机程序和数据不是"有形物"，因而不受传统法律保护。为打击电脑犯罪，1985年加拿大通过《刑法》修正案，增加了三方面惩处计算机犯罪的内容：

1. 扩大文件概念和诈骗罪的范畴

修订后的《刑法》在第282条将传统的"文件概念"扩大解释为：由人或电脑系统记录的可见、可视或可理解的纸张或其他媒体。即确定了人们用肉眼不能看见的电子记录物是文件伪造罪的对象。

2. 增加非法使用计算机的条款

第301条第2（1）款规定：任何人以欺骗或非授权手段，

①直接或间接获得电脑服务的行为；②利用电子、机械或其他手段，直接或间接妨碍电脑系统功能，或导致妨碍的行为；③直接或间接地利用电脑系统或数据的行为等，构成"非授权使用电脑罪"，可处以十年以下监禁。

第302条第2（2）款对"计算机程序"、"计算机服务"、"计算机系统"、"计算机功能"、"数据"和"功能"等名词进行了解释。

3. 增加破坏计算机数据的条款

第387条第1（1）款规定：任何人故意：①破坏或更改数据；②提供无意义、无用途或无效的数据；③妨碍、中断或干扰合法使用数据；④妨碍、中断或干扰他人合法使用数据或拒绝获得授权的人访问数据。

加拿大计算机犯罪刑事法律特点是：①将电子记录物视为文件；②计算机犯罪包括"盗窃服务犯罪"、"盗窃机时犯罪"及各种妨碍行为；③将提供无意义、无用途或无效数据的行为也列入计算机犯罪范畴；④规定恶意损坏或改变数据，提供无意义、无用或无效数据，妨碍、中断、干涉别人合法使用数据，拒绝有资格的访问者访问数据等行为，构成伤害罪。

（六）丹麦

丹麦在欧洲国家中最早制定了较为全面的电脑犯罪法律。1985年6月6日，丹麦通过了新修订的《刑法》，增加了"计算机诈骗"、"泄露或非法取得计算机数据"及"计算机业务妨碍"三项新罪名。在新修订的《刑法》第279条A中，除一般诈骗罪外，规定"为了自己或他人获得不当利益，非法变更或删除计算机程序或数据，以致影响数据处理结果的行为"，为"计算机诈骗罪"。第263条规定，非法取得他人的计算机程序或数据的行为，处以六年以下徒刑。第263、264条规定，泄露公司的商业秘密，处两年以下徒刑；非法取得公司的商业秘密，加重处罚。第193条规定，用非法手段妨碍"电话系统""数据处理系统"的行为，为"计算机业务妨碍罪"，处四年以下监禁，过失行为也构成妨碍罪。但丹麦《刑法》对磁盘和磁带的破坏行为未作特别规定，适用于第280条规定的单纯的"财物损坏罪"。

（七）德国（指原联邦德国）

德国1986年对《刑法》作了系统补充，第202条A规定：非法获取他人数据，利用不正常程序影响信息处理结果，利用错误或不完善数据，借助非法利用的数据或技术手段影响信息处理程序的，视为计算机犯罪。第262条A规定：利用技术暗中破坏、改变计算机或信息载体装置以破坏数据处理程序的，视为计算机犯罪。第303条B规定：未经授权毁坏、消除或部分改变重要数据等行为，都是计算机犯罪。

除上述国家外，瑞典于1973年4月4日颁布了世界上第一部涉及计算机犯罪控制的专门法《数据法》，对与电脑相关的财产犯罪作了处罚规定。该法第21条规定，"非法接近、变更、删除或伪造电脑电子数据的行为，构成数据侵害罪。"日本也于1987年对《刑法》条文作了6处修改，规定利用计算机系统进行诈骗、侵害或利用计算机妨害他人业务、伪造电磁记录、破坏计算机软硬件等行为为犯罪行为。

分析上述国家的立法情况，对计算机犯罪的惩治主要集中在以下几个方面：①非授权访问计算机资源，包括计算机硬件及储存其中的信息；②非授权变更、添加、替换、干扰及破坏计算机系统，包括计算机硬件、软件、信息等；③非法或恶意拒绝合法用户进入或使用计算机资源，包括计算机硬件、软件及信息等；④非法盗用计算机设备、资源及机时服务；⑤非授权获取信息；⑥利用计算机或计算机信息系统进行传统犯罪。个别国家甚至将对通信系统的犯罪也列为计算机犯罪。他们的共同特点是，立法的保护对象比较广泛，不仅政府、国防及外交部门等计算机系统受保护，金融系统、社会福利部门，甚至个人的计算机都是受保护对象。

二 我国现有的法律控制手段的不足及其完善

（一）我国现有的法律控制手段

我国目前已出台了一系列关于计算机系统安全及惩处计算机违法犯罪行为的法律法规。概括起来有以下四类：刑法、行政法、部门规章及地方规章。

1. 刑法

八届人大五次会议于1997年3月14日通过、同年10月1日正式施行的新修订的《中华人民共和国刑法》（以下称新《刑法》），增加了非法侵入计算机信息系统罪（第285条）、破坏计算机信息系统罪（第286条）和利用计算机进行传统犯罪（第287条）三类关于计算机犯罪的罪名。

2. 行政法

对具有"犯罪"特征的具有一定社会危害性的针对或利用计算机信息系统的违法行为，本应是"刑法"的管辖范围，但在实际生活中针对或利用计算机信息系统的违法活动还表现为许多不能以"刑法"调整的方面，为此，国家制定了一系列行政法规。在"计算机犯罪概念"章节中，明确了刑法学和犯罪学意义上的概念区别。从严格的刑法概念看，只有侵入计算机信息系统罪和破坏计算机信息系统罪为计算机犯罪。从犯罪学角度看，一切与计算机相关的违法犯罪行为都是研究的对象，是广义的计算机犯罪。我国法律体系是二元犯罪论，即不但有犯罪，也有介于犯罪与无罪之间的违法问题。同时，我国许多行政规定也包括刑法条款。因而，也有必要探讨我国关于计算机违法犯罪的行政法规。

我国关于计算机方面的行政法规很多，主要有：国务院于1991年6月4日发布的《计算机软件保护条例》；1994年2月18日发布的《中华人民共和国计算机信息系统安全保护条例》；1996年2月1日发布的《中华人民共和国计算机信息网络国际联网管理暂行规定》及1997年12月11日国务院批准，由公安部发布且于同年12月30日起施行的《计算机信息网络国际联网安全保护管理办法》。

（1）《中华人民共和国计算机信息系统安全保护条例》。

该条例是一部制度保护性法规，在对计算机信息系统的界定（第2条）、安全保护的范围（第4条）、安全保护的目标（第3条）、安全保护的管辖部门（第6条）等作了明确具体的规定的同时，主要对信息系统采取如下6种制度保护：安全等级保护制度（第9条）、国际联网备案制度（第11条）、信息媒体进出境申报制度（第12条）、案件强制报告制度（第14条）、计算机病毒专管制度（第15条）、安全专用产品销售许可证制度（第16条）。

在第四章"法律责任"中规定了三种处罚方式：依照其他法律法规处罚（第22、24、25、27条），违反条例的有关规定处以警告或停机整顿，故意植入病毒及其他有害数据的或非经许可出售安全专用产品的处以罚款和没收违法所得（第23条）。

（2）《中华人民共和国计算机信息网络国际联网管理暂行规定》。

《规定》在明确了计算机信息网络国际联网的界定（第3条），以及管理范围（第2条）的同时，对国际联网的国际出入口信道、互联网、接入网、用户的资格作了规定。在"法律责任"中规定了两种处罚方式：一是违反暂行规定有关条款给予警告、通报批评、责令停止联网、罚款等；二是依照其他有关法律、行政法规处罚。

(3)《计算机信息网络国际联网安全保护管理办法》。

《办法》是一部专门用于规范计算机信息网络国际联网安全保护管理工作的行政法规，是我国境内从事计算机信息网络国际联网业务的单位和个人的行为准则。《办法》的调整对象是中华人民共和国境内从事计算机信息网络国际联网业务的单位和个人，主要包括：国际出入口信道提供单位、互联单位的主管部门或者主管单位、国际出入口信道提供单位、互联单位、接入单位、使用计算机信息网络国际联网的个人、法人和其他组织。计算机信息网络国际联网业务主要包括：提供国际出入口信道、接入服务、信息服务、使用计算机信息网络提供的种类功能，以及与计算机信息网络国际联网有关的其他业务。

《办法》规定互联单位、接入单位及使用计算机信息网络国际联网的法人和其他组织应建立8种基本的安全制度，即：网络安全管理制度、信息发布登记制度、信息内容审核制度、电子公告系统审计制度、违法犯罪案件报案制度、备案制度、公用账号登记制度和涉及国家事务、经济建设、国防建设、尖端科学技术等重要领域的计算机网络国际联网审批制度等。

为了保证法规的贯彻执行，《办法》规定了必要的处罚措施，根据我国实际情况，对违反《办法》的单位和个人在第四章法律责任中规定了警告、罚款、停止联网、取消联网资格四种处罚，同时还规定如果违反其他法律法规，依照其他法律法规处罚。

(4)《计算机软件保护条例》。

《条例》是国务院于1991年6月4日发布的。这部法规主要调整对象是计算机软件在开发、传播和使用中发生的利益关系，是依照《中华人民共和国著作权法》的规定制定的行政法规。该法规对计算机软件的范围作了界定，对软件的登记管理程序作了规定，在"法律责任"中规定如下几种处罚：一是承担停止侵害、消除影响、公开赔礼道歉、赔偿损失等民事责任；二是可由国家软件著作权行政管理部门给予没收非法所得、罚款等行政处罚。

3. **部门规章**

部门规章是指国务院职能部门根据行业管理的需要，制定的管理办法。目前关于计算机信息系统方面的规章主要有以下几种：原国家邮电部于 1996 年 4 月 9 日公布了两种管理办法，即《计算机信息网络国际联网出入口信道管理办法》和《中国公用计算机互联网国际联网管理办法》；1998 年 8 月 31 日，公安部、中国人民银行联合发布了《金融机构计算机信息系统安全保护工作暂行规定》。

4. **地方规章**

为加强计算机信息系统安全管理，防止违法犯罪案件发生，全国各地近年来结合本地工作实际，相继制定了一系列地方规章。如山东省政府发布了《山东省计算机信息系统安全管理办法》，江苏省国家保密局和省公安厅联合制定了《江苏省计算机信息系统国际联网保密管理工作暂行规定》，上海市公安局颁布了《上海市公众电脑屋安全管理办法》，以及福州市政府和邯郸市政府颁布的有关计算机管理方面的法规等。

（二）我国现有法律的不足和缺陷

近年来，我国针对计算机信息系统安全已制定了一系列法律法规，对打击犯罪、预防犯罪、保护计算机信息系统安全运行起到了积极作用。但是，目前的立法远远不能适应控制计算机违法犯罪的需要，现有的法律法规在违法犯罪面前经常显得软弱无力。

1. **刑法增补的惩治计算机犯罪条款的不足**

《刑法》第 285 条虽然规定了"非法侵入计算机系统罪"的

罪名和量刑幅度,但对"计算机系统"仅限定为"国家事务"、"国防建设"和"尖端科学技术领域"三类,范围过窄。目前,我国各行各业都已建立或正着手建设计算机信息系统,多数与国家经济建设和人民生活息息相关,其安全与否可能影响经济建设和社会稳定,因而给予法律保护十分必要。1998年4月4日零时45分,上海港公安局巡警当场抓获两名非法截取并复制某证券营业部两万户股民的地址、资金额度、证券种类、账号及买卖记录等资料的犯罪嫌疑人,其作案动机是利用计算机知识解套3种被"套牢"的股票。专家在审查他们编制的电脑程序时,发现其程序功能可替换证交所正常电脑运行系统,并能启动全部记录与操作命令,一旦实施,后果不堪设想。公安部门在调查后发现,两名犯罪嫌疑人曾在1998年3月16日、3月18日、3月19日多次以同样方式进入该证券营业部的电脑网络,拷贝了客户账号、资金金额等明细资料。4月4日被抓时,他们正企图在证券电脑网络里拷入一个自编的密码追踪程序。一旦成功,他们便可以自由划转资金,危害十分严重。但在虹口检察院为此案组织的一场由公、检、法等司法部门的执法人员和有关的法律、技术专家参加的讨论会上,就其行为有没有构成犯罪形成了针锋相对的两大"阵营"。一种意见认为,此案并未造成受害方任何经济损失,也未破坏其计算机网络系统。按照《刑法》规定,要造成重大损失才构成盗窃商业秘密罪,因此其行为不构成犯罪。另一种意见认为,应以盗窃商业秘密罪按《刑法》第219条定罪量刑。其理由是,《刑法》第219条规定,盗窃商业秘密,给商业秘密之权利人造成重大损失的,构成犯罪。而《刑法》第287第又规定,利用计算机进行盗窃等行为的按相关条款论处。虽然受害证券公司事实上并未受到经济损失,但已经造成了"严重危害"。此案讨论的焦点在于对"后果严重"的含义如何界定?后果严重是否以造成实际的财产损失为唯一的认定依据?上海关于少年黑客的一场争论结束后，两名犯罪嫌疑人获得取保候审，但却留给法学界一连串思考：很显然其行为是有危害性的，但却无法治罪，甚至可能还会起到教唆、钻法律空子的负面作用。这应该说是法律的漏洞。如果第285条将非法侵入的范围扩大到金融系统，这个案子就很容易定罪量刑了。

《刑法》第286条规定了"破坏计算机系统罪"的罪名及量刑幅度。其中第一、二款规定了对系统功能、应用程序或数据等破坏的行为方式：删除、修改、增加、干扰等——这是一种针对系统的内部破坏，或称软破坏，此外还有一种针对系统的外部破坏，或称硬破坏，比如破坏计算机的某一重要硬件设备或附件等，也可能造成系统不能正常运行，造成系统中存储、处理或传输的数据丢失或出错，并产生严重后果。如果按第275条"故意毁坏财物罪"定罪量刑可能造成"重罪轻判""有罪难判"的局面。关于硬破坏，国内计算机安全专家和法学界有过争论，主要有两种观点：一种观点认为，所谓计算机犯罪是指高科技犯罪，因而只有采用了一定技术手段或运用计算机知识实施的犯罪，才是计算机犯罪，可称"计算机技术犯罪论"派；另一种观点认为，只要与计算机有关的犯罪，都可列为计算机犯罪，可称"计算机相关犯罪论"派。我国刑法实际上采用了"计算机技术犯罪论"派的观点，因而将硬破坏排除在"破坏计算机系统罪"之外，在美国等西方国家，硬破坏也被视为计算机犯罪，并被列为刑法惩处的对象。

第286条第三款对"故意制作、传播计算机病毒等破坏性程序的犯罪"，只规定其直接侵害对象为"影响计算机系统正常运行"，范围过窄。因为在系统中植入病毒，计算机系统的运行可能不会中止或瘫痪，但其处理的数据可能被更改、被删除或受到干扰。

第285、286条都是指故意犯罪，其实有的计算机信息系统关系到国计民生、国家安全的大事，过失犯罪也可能给国家、社会造成不可估量的损失。事实上，"非法侵入计算机信息系统"和"破坏计算机信息系统"都有"过失"的可能。比如，用一个计算机系统测试自己的一张软盘，但当事人事先并不知道该盘带毒。使用后系统感染病毒，并通过网络迅速传播，造成非常严重的后果，由于是"过失"，不可能处以刑律，只能根据有关管理规定处理。这样可能达不到惩治犯罪、警告别人的作用。

第287条规定"利用计算机实施金融诈骗、盗窃、贪污、挪用公款、窃取国家秘密或者其他犯罪的，依照本法有关规定定罪处罚"。对于这一条规定，从逻辑上有两种理解：其一，利用计算机进行传统犯罪，虽然按传统罪名量刑，但它是计算机犯罪，与第285条一起构成刑法意义上的"计算机犯罪"界定，而第285、286条指狭义的计算机犯罪，第287条指广义的计算机犯罪。其二，利用计算机实施传统犯罪，只不过是犯罪手段特殊，其他没有什么区别，因而仍按传统犯罪定罪量刑，也就是说，利用计算机进行传统犯罪，不属于计算机犯罪范畴。这两种理解孰是孰非暂且不论，换一个角度看，刑法增加这一条出于何种考虑？欲达到什么效果？如果去掉这一条，会不会影响刑法的完整性，会不会影响具体操作？其一，这条仅仅表述犯罪的手段，对由此实施犯罪的行为的处罚没有超出刑法其他条款的规定，因而发生这类案件，定罪量刑不会遇到困难；其二，犯罪手段虽然是构成某种犯罪的客观方面的必要内容，也影响着罪行的确定，但不是主要方面，而第287条所述的传统犯罪并没有在表述中全部列出了犯罪手段，更何况有的手段目前可能无法列出，因而如果没有第287条，也不会导致将"利用计算机进行传统犯罪"排除在"传统犯罪"之外。因而，增加此条，目的不明确。

2. 行政法规的不足

以《中华人民共和国计算机信息系统安全保护条例》为例，该条例制定已有多年，但"互联网微型计算机安全保护办法""计算机信息系统安全等级保护制度"等配套法规至今没有出台，使联网的微机保护出现法律真空，使《条例》第20条第1款成为"摆设"。《条例》在"法律责任"的第20条中规定了有下列行为之一的，由公安机关处以警告或者停机整顿：

（1）违反计算机信息系统安全等级保护制度，危害计算机信息系统安全的；

（2）违反计算机信息系统国际联网备案制度的；

（3）不按规定时间报告计算机信息系统中发生的案件的；

（4）接到公安机关要求改进安全状况的通知后，在限期内拒不改进的；

（5）有危害计算机信息系统安全的其他行为的。

由于警告处罚太轻，"停机整顿"操作困难，因而基本上没有约束力，公安机关在执法过程中也很少使用，从而很难达到从管理上堵塞和预防计算机违法犯罪的法律威慑作用。近年来，各地相继出现了以盈利为目的的"网吧"，但现行法律、法规没有明确的条款。

3. 部门规章的不足

行业特点不明显，前瞻性不够，约束力不强。

4. 地方法则的不足

立法滞后，地方特色不够。

（三）我国现有法律法规的完善

法律法规的颁布实施，应具有相对稳定性，这不但是法律本身严肃性、权威性的需要，也是执法和守法心理的需要。如果朝令夕改，不但执法者无法执法，守法者也无所适从，结果势必造成执法混乱，有法不依，违法难究，影响经济生活和社会稳定。目前，我国新修订的《刑法》刚施行不久，如果谋求修改《刑法》很不实际；计算机违法犯罪活动在我国出现不久，其形式尚未充分暴露，随着计算机及其技术的发展应用，新形式的计算机违法犯罪还会产生，如果想要很快制定一部惩处计算机违法犯罪的专门法规在主观和客观上都难以做到。为此，目前提出完善现行法律，增加打击处罚计算机违法犯罪的规定，要分两步走：第一步，在现行法律法规的框架范围内，利用法定程序作适当修改、补充。第二步，抓住即将修改若干法律法规的契机，增加补充有关处罚计算机违法犯罪的条款。除此之外，再作惩处计算机违法犯罪的立法展望。

1. 利用法定程序完善现行刑法

（1）利用全国人大补充规定和"两高"的司法解释，准确把握，适当增补惩处计算机犯罪的条款。①鉴于前面论述的第285条非法侵入计算机系统罪范围过窄，而一些涉及国家经济建设和社会稳定的计算机信息系统需要保护的实际情况，并借鉴国外关于计算机犯罪立法的经验，将侵入重要的经济建设、社会保障领域的计算机信息系统的行为，补充定为"非法侵入计算机信息系统罪"。至于"重要的经济建设和社会保障领域的计算机信息系统"的范围，由"两高"根据我国的国情和有关法律做出规定。②参照有关发达国家的做法，根据盗用计算机设备、资源及机时犯罪的发展情况，适时补充这方面的条款。

（2）鉴于第286条"破坏计算机信息系统罪"，除软破坏之外，还有可能因硬破坏造成计算机信息系统不能正常运行，并产生严重后果，因而可以"司法解释"形式，规定"干扰"包括"对软件的干扰破坏"和"对硬件的干扰破坏"两个方面。如果硬破坏造成危害，按《刑法》其他条款定罪量刑重于本条款时，根据《刑法》"从一重处"的原则处罚。

（3）鉴于故意制作、传播计算机病毒等破坏性程序，其必然后果并非是影响系统正常运行，而有可能导致系统能正常运行但系统处理的数据受到破坏，以及对制作、传播病毒的意图很难把握，病毒发作时间、传播面、造成危害性等还有不确定性等因素，建议从两个方面补充此款：一是对行为人的主观方面具体形式不作限定，只要是制作、传播明知能产生危害的病毒等破坏性程序，即认定为主观上的故意，当然根据有关规定进行试验的行为除外。二是对后果的严重性不作必要条件的规定，只要鉴定该程序是破坏性程序，一旦发作，能够对系统运行和处理的数据产生严重危害即确定为犯罪。因为行为人在制作、传播这类破坏性程序时，尽管主观上是针对某个特定的计算机系统，但实际危害并非如此。由于病毒等破坏性程序的传播是不以人的意志为转移的，所有计算机系统都将受到潜在威胁，因而，一旦制作成功，并予以传播，就会造成严重的危害后果。另外，病毒的发作时间是可以控制的，发现并消除病毒时可能还没有给系统造成危害，如果将"后果严重"视为必要条件，起不到震慑犯罪、遏制病毒蔓延的作用。

（4）利用计算机进行传统犯罪，尤其是进行财产犯罪，以司法解释的形式明确为包含两方面内容：其一，非法占有财产；其二，非法修改、伪造金融数据已构成对金融机构计算机信息系统的破坏。在后一种情况下，直接侵害对象是一种"数据"，其外化形式是"财产"。从计算机信息系统角度看，这种"数据"是系统密不可分的组成部分，对系统"数据"的修改、伪造，危害了系统安全，因而完全适用第286条第2款之规定。同时，当犯罪嫌疑人实施了"数据"修改、伪造后，就有获得"财产"的可能，因而又适用侵犯财产罪的有关条款。从刑法理论上看，这类犯罪符合"牵连犯"特征。因而，笔者认为，应既承认这类犯罪为计算机犯罪，从而完善"计算机犯罪"的界定；又承认是传统犯罪，不至于使其他传统犯罪产生法理上的混乱。由于因"牵连犯"的数罪之间具有互相关联的牵连关系，故"牵连犯"不实行数罪并罚，而是按照法定刑最重的罪名定罪判刑，因而不会影响该条款的实际操作。

2. 修改《治安管理处罚条例》，增加有关计算机信息系统、互联网等方面的管理和处罚规定

现行《治安管理处罚条例》是六届人大常委会第十七次会议于1986年9月5日通过的，是基于大治安的架构而制定的法律，不但包括社会公共秩序管理，而且还包括交通、户政、消防、出入境管理等多方面内容。如果将来在修订《治安管理处罚条例》时仍从大治安的角度考虑，应增加若干计算机信息网络管理等方面的内容。主要有以下两方面：

（1）与现行刑法相对应，对不够刑事处罚、不予刑事处罚的有一定危害性的行为，纳入治安管理处罚范畴。

《刑法》第286条的三款都规定"后果严重的"是必要条件，如果不能予以认定，则不予刑事处罚。但对计算机信息系统，三种行为即使未造成严重后果，往往也会产生不同程度的影响，如果不予以必要的惩处，势必给犯罪嫌疑人造成侥幸心理，起不到打击预防犯罪的作用。第286条在《刑法》的"分则"中被列入第六章"妨害社会管理秩序罪"，因而，可在《治安管理处罚条例》相应章节中增加这方面内容，具体条款根据《治安管理处罚条例》的总原则设定。

（2）将现行《刑法》尚未列为犯罪的，但对社会有一定危害性的行为，在《治安管理处罚条例》中予以规定。

①非法侵入《刑法》保护的"国家事务、国防建设、尖端科学技术领域"之外的所有公共信息系统的行为，都应受到治安处罚。比如在《刑法》没有增补"非法侵入重要的经济建设和社会保障领域计算机信息系统"为犯罪行为之前，列为治安管理处罚

范畴，有助于维护政治稳定和社会安定，将来如果《刑法》增补了这两类系统为保护对象，《治安管理处罚条例》可作相应删除。

②现行《刑法》目前尚未列入处罚对象的"盗用信息服务""盗用机时"等行为，由于具有一定的危害性，在《治安管理处罚条例》中可予以规定，将来如果《刑法》中增补了这类条款，可作删除。根据行为人的主观动机、手段手法及其危害程度等因素一分为二，对造成严重后果的，适用刑法处罚；对未造成严重后果的，适用治安处罚。

③《刑法》第286条规定的"破坏计算机信息系统罪"都为软破坏。如果是硬破坏，现行《刑法》只能按第275条"故意毁坏财物罪"论处。"损坏公私财物"有量和质的限制，并且其结果都以造成实际经济损失为标准。对计算机信息系统实施硬破坏时，既有造成的较大经济损失的，也有可能造成的经济损失很小，甚至没有经济损失，但都会使计算机信息系统正常运行受到影响，对此又不能适用刑法，因此，可将此种行为纳入治安管理范畴。将来如果刑法中有此规定，可根据刑法中规定犯罪的有关要件进行划分，"产生严重后果的"受刑罚处罚，未产生"严重后果的"受行政处罚。

3. 制定关于计算机信息系统安全保护的行政处罚法规

现行的《治安管理处罚条例》在1994年作了个别修改。几年来，新刑法、行政处罚法、人民警察法及包括计算机信息系统国际网络等方面的法律、法规相继出台，治安管理工作也面临着许多新情况、新问题。在这种情况下，提出修改《条例》的呼声此起彼伏。其中讨论较激烈的一个问题是《条例》应从什么角度加以修改：一种主张认为，《条例》应从小治安的角度加以修改，即《条例》的调整范围应当仅包括公安机关公共治安秩序管理职能，将有关户政、交通、消防、出入境管理等方面的规定和处罚分离出去。另一种主张认为，不改变《条例》的调整范围，仍从大治安的角度加以修改。笔者赞成从小治安的角度修改《治安管理处罚条例》。据此，可将计算机信息系统及互联网管理归入社会管理秩序类，制定一部《计算机信息系统及互联网管理处罚条例》。其理由，一是计算机信息系统及国际联网涉及高科技，其发展方兴未艾，归入一类独立的管理门类，便于执法者执法。二是高科技的发展将带来许多新的治安管理问题，此类法律法规只有不断修改才能适应形势发展和实际工作需要，才能保护高科技的健康发展，因而，此类法规需要随着技术的发展而经常修改，但《治安管理处罚条例》对公共秩序的管理则不宜经常修改。三是对目前的公安体制来说，公共秩序管理与计算机信息系统安全保护分属两个不同的管理部门，计算机信息系统安全保护管理需要高技术支撑，不是任何人都能执法的，美国等西方国家为此专门设立了"计算机警察"和技术法庭。四是目前我国已制定了若干关于计算机信息系统及国际联网方面的行政法规，以制度性保护手段为主，缺少处罚条款，执法困难。如果目前制定专门的行政处罚法规的条件尚不成熟，可先对现有有关计算机信息系统及国际联网管理的法律法规进行修改，增补上述有关处罚条款。

4. 加快部门规章建设和地方立法步伐，建立完善计算机犯罪惩治预防体系

我国目前对计算机犯罪普遍存在两种消极观点：一是计算机犯罪在我国还没有那么严重，用不着在这上面做大文章；二是计算机犯罪是高科技犯罪，没有什么良方能预防得了。因而，许多单位的管理制度不健全、不落实，安全意识、防范意识差，犯罪隐患多，客观上给犯罪分子造成了许多可乘之机，目前破获的计算机犯罪案件也能说明这个问题。之所以出现这个局面，除了计算机用户思想不重视等原因外，另一个主要原因是没有行政监督手段。近年来，我国虽然制定了一系列关于计算机网络管理方面的行政法规，但缺乏配套的管理和处罚细则。如果因地区差异暂时无法出台全国性的管理、处罚办法，各地可根据本地实际情况制定地方性行政法规作为过渡。正如公安管理中治安案件和刑事案件的关系一样，治安案件得到有效控制和处理，转化为刑事案件的可能就较小；如果在计算机管理中行政强制手段得力，计算机犯罪的隐患将减少。总之，切莫待到"亡羊"后再"补牢"。

（作者：蒋平，本文原载于《南京大学法律评论》1999年第2期）

计算机犯罪案件侦查

这部分内容整理了计算机犯罪案件侦察方面的研究成果。共收集六篇文章：《计算机违法犯罪的立案》《论计算机犯罪案件的管辖分工》《计算机犯罪的类型及侦查策略初探》《利用信息网络实施寻衅滋事犯罪的限制解释》《网络游戏赌博法律适用问题分析》《浅析网络违法案件的分类及网络诽谤案件的调查取证》。

以上文章探讨了计算机犯罪的刑事案件和行政案件的立案依据和要求，介绍了计算机犯罪案件的管辖分工。司法机关在处理计算机案件时，必须弄清相关案件管辖的问题，才能有效地依法打击计算机犯罪。另外，本部分从我国计算机犯罪的主要类型入手，论述了我国刑法对计算机犯罪的适用，介绍了计算机犯罪的侦察策略与方法，介绍了利用信息网络实施寻衅滋事犯罪的限制解释，结合实践中的案例引出司法部门在处理此类案件中面临的困境，深入分析了如何运用现有法律对网络游戏赌博进行界定，并针对目前法律现状提出相关的立法建议，并对网络违法不构成刑事犯罪的行政违法案件进行分类、对网络诽谤类案件的调查取证进行简要阐述。

计算机违法犯罪的立案

广义上看，计算机违法犯罪案件有三类，即刑事案件、行政案件和民事案件。关于民事违法范畴的计算机违法案件，其立案依据是我国已制定的各类与计算机相关的民事法律，主要有《中华人民共和国著作权法》、《中华人民共和国合同法》、《中华人民共和国专利法》、《中华人民共和国商标法》及《中华人民共和国民法》等。一般情况下，研究案件立案问题，主要是针对刑事犯罪案件的立案。由于行政处罚范畴的计算机违法案件往往多于刑事案件，实际处理过程中除遵循一般的立案程序外，也必须注意一些特殊的因素，如技术问题、电子证据问题及专门法律法规问题等。本文重点对刑事案件和行政案件的立案问题进行探讨。

一 违法犯罪案件立案的依据和要求

1. 刑事案件立案的依据和要求

刑事案件的立案，是指公安机关、人民检察院和人民法院对于报案、控告、举报和犯罪人自首的材料，按照管辖范围迅速进行审查，认为有犯罪事实需要追究刑事责任的时候，依法决定作为刑事案件交付侦查或审判机关的诉讼活动，一般由县级或县级以上公安机关决定。

刑事案件立案必须具备事实要件和法律要件这两个条件：一是认为有犯罪事实，这是刑事案件立案的前提。当公、检、法三部门接到报案、举报、控告或自首等材料后，应当先进行初步的审查或调查，以判明是否有犯罪事实的发生，这是事实要件。二是需要追究刑事责任。如果犯罪事实显著轻微，不需要追究刑事责任的，不予立案。上述两个条件是法律要件，相互联系，缺一不可。

2. 行政案件立案的依据和要求

行政案件是指具有行政处罚权的行政机关对公民、法人或者其他组织违反行政管理秩序的行为，依法应当给予行政处罚的案件。但行政机关在实施行政处罚前，必须查明事实，违法事实不清的，不得给予行政处罚。如《通信行政处罚程序暂行规定》单立了"众案"一章，即第三章，规定了符合下列条件，通信行政主管部门应予立案：①具有违反通信法律、法规、规章的行为；②依照通信法律、法规、规章应当给予行政处罚；③属于本部门管辖和职权范围。《规定》同时规范了立案程序，规定符合立案条件的，通信行政执法机构在知道违法行为三日内，指定案件具体承办人员，填写《通信违法案件立案呈报表》，并经本机构负责人批准后立案。

二 计算机违法犯罪案件立案的依据和要求

不论是刑事案件、行政案件的立案，还是民事案件的受理，其核心条件是必须具备法律要件和事实要件，同时还必须符合法定程序。如果没有法律和事实依据，任何人、任何部门都无权决定立案或受理。计算机违法犯罪案件，由于作案手段的隐蔽性、造成后果的复杂性、取证的困难性，要做到及时、准确立案或受理，必须准确把握立案的法律和事实依据。

1. 属刑事违法范畴的计算机犯罪案件立案依据和要求

属刑事违法范畴的计算机违法犯罪案件分为二大类：一类是

我国《刑法》规定的针对计算机信息系统的犯罪，即《刑法》第285、286条之规定；另一类是《刑法》或其他法律中的《刑法》条款所规定的利用计算机系统实施的违法犯罪，如《刑法》第287条之规定。上述条款即为刑事范畴的计算机犯罪立案的法律依据，但如何准确判断某行为触犯了这些条款，并具有"后果严重的"条件，应该受《刑法》处罚，是决定是否立案的关键。

（1）针对计算机信息系统犯罪的立案。

针对计算机信息系统的犯罪分为非法侵入计算机信息系统和破坏计算机信息系统犯罪两类。

非法侵入计算机信息系统罪是指具有刑事责任能力的行为人通过猜测、窃取口令等手段，突破或绕过安全防御机制进入国家事务、国防建设、尖端科学技术领域的危害计算机信息系统安全保密的犯罪行为。从犯罪构成看，犯罪主体为达到刑事责任年龄和具有刑事责任能力的自然人，单位不能成为本罪的主体，因为我国现行《刑法》第30条明确规定："公司、企业、事业单位、机关、团体实施的危害社会的行为，法律规定为单位犯罪的，应当负刑事责任"，而第285条没有规定单位可以成为本罪的主体。犯罪的主观方面一般都是故意的，从目前我国计算机信息系统安全管理的实际情况看，重要信息系统不但采取了较为先进的技术安全措施，而且制定了一整套严格的安全管理制度，无意或过失进入重要信息系统的可能性极小。因而，不论是出于好奇还是企图窃取秘密、实施破坏等，一般应视为故意犯罪；犯罪的客观特征表现为通过各种途径获取口令，突破防范机制，侵入国家事务、国防建设、尖端科学技术领域的计算机信息系统的行为；本罪所侵害的客体是我国重要领域的计算机信息系统安全秩序。因此，此类案件立案时，只要是非授权（不论是窃取密码、口令，还是采用技术手段）进入国家事务、国防建设和尖端科学技术领域的信息系统都具有可罚性，都应立案定罪。其动机如何，造成的损失大小，产生的危害程度轻重，均不影响案件的构成。

破坏计算机信息系统的犯罪是指对计算机信息系统功能进行删除、修改、增加、干扰，对计算机信息系统中存储、处理或者传输的数据和应用程序进行删除、修改、增加的操作，以及故意制作、传播计算机病毒等破坏性程序等行为。可分解为三个独立的子罪名：破坏计算机信息系统功能罪；破坏计算机信息系统数据和应用程序罪；制作、传播计算机病毒等破坏性程序罪。

破坏计算机信息系统功能的犯罪，主体为达到刑事责任年龄和具备刑事责任能力的自然人；客观上表现为行为人违反了国家有关规定，未经授权擅自对计算机信息系统功能进行删除、修改、增加、干扰；行为人的主观目的和动机不影响本罪的构成，但所造成的后果必须是使计算机信息系统不能正常运行，且达到严重的程度，否则不构成本罪，过失也不构成本罪。破坏计算机信息系统功能罪属于结果犯罪，必须是运用本条所规定的四种方式实施犯罪，并造成严重后果的，才能立案定罪。

破坏计算机信息系统数据和应用程序罪。犯罪主体为达到刑事责任年龄和具备刑事责任能力的自然人；客观上表现为行为人违反国家规定对计算机信息系统中存储、处理或者传输的数据和应用程序进行删除、修改、增加；主观上为故意，才构成本罪；过失不构成本罪。

制作、传播计算机病毒等破坏性程序罪。犯罪主体为达到刑事责任年龄和具备刑事责任能力的自然人；行为人在主观方面是出于故意，不论是制作或传播，还是既制作又传播，只要影响了计算机系统的正常运行，并造成严重后果的，构成本罪，但过失不构成本罪。

（2）利用计算机信息系统犯罪的立案。

《刑法》第287条指的都是以计算机为手段的犯罪，最终侵害的是我国《刑法》保护的传统社会关系，根据《刑法》的手段和目的、过程和结果的牵连关系的处理原则，应依照《刑法》有关规定定罪处罚。此条体现了我国《刑法》的量刑依据，即：根据犯罪的事实、犯罪的性质、情节和对于社会的危害程度，使用的手段不作特别强调。但需要注意的是，如果犯罪嫌疑人利用计算机信息系统进行诸如盗窃、挪用资金、窃取国家机密等传统犯罪，按"非法侵入计算机信息系统罪"或"破坏计算机信息系统罪"处罚则较轻，应按传统犯罪论处。如犯罪嫌疑人侵入第285条所保护的计算机信息系统窃取国家秘密信息，应依据"从重原则"，按"窃取国家秘密罪"立案，因"窃取国家秘密罪"重于"非法侵入计算机信息系统罪"。如果犯罪嫌疑人利用计算机信息系统进行诸如盗窃、挪用资金、窃取国家机密等传统犯罪，因其他原因未产生犯罪结果，按传统罪名可能处罚较轻或不予处罚时，可依据扰乱计算机信息安全秩序管理的某种罪名予以立案。如犯罪嫌疑人侵入第285条所保护的信息系统，盗窃、挪用等犯罪未遂或中止，又未对系统实施破坏，可按"非法侵入计算机信息系统罪"立案；如侵入第286条所保护的信息系统，盗窃、挪用等犯罪未遂或中止，但对系统实施了破坏，并产生"严重后果的"，可按"破坏计算机信息系统罪"立案。1997年12月6日下午，徐州市邮电局某邮电所工作人员在核账时发现微机记录与当天交易不符。经核查发现，该所储户李某，以及另一个所储户李某的微机记账分别多出了300元和7000元。公安机关接报后，迅速冻结上述2个账户，更改所有工作密码，并及时检查计算机网络系统。1998年1月1日，犯罪嫌疑人再次闯入系统时，被警方发现。经排查分析，警方确定了某重点大学毕业生谷某是重点嫌疑对象。公安机关依法对其进行了传唤，并从其物品中搜出调制解调器和2张存单。在证据面前，谷某交代了犯罪事实：1997年9月13日，谷某以两个李某的名义分别在2个储蓄所各存入100元，并窥视了操作员的密码。12月6日，谷某利用某厂的微机通过拨号方式进入储蓄系统,将2个存单上的余额分别改为400元和7100元,并在私自篡改的打印存单上加盖伪造的储蓄所人员私章,并伺机取款。此类案件发生时,由于对行为结果尚不十分清楚,因而起初既可考虑按第286条,即破坏信息系统罪立案,也可根据第264条,即盗窃罪立案。很显然,盗窃罪重于破坏信息系统罪,因而,应以盗窃罪立案。如果在调查取证的过程中,发现盗窃罪不能成立,可考虑再以破坏信息系统罪立案起诉。总之,在此类案件立案时,既要考虑《刑法》中有关处罚计算机犯罪的专有条款,又不能仅局限于这些条款,否则不利于准确把握《刑法》的立法精神。

(3) 立案中应正确把握的几个概念。

关于"违反国家规定"问题。《刑法》第285、286条中所指的"违反国家规定",第96条作了明确解释,即"违反全国人民代表大会及其常务委员会制定的法律和决定,国务院制定的行政法规、规定的行政措施、发布的决定和命令"。目前,关于计算机信息系统方面的国家规定主要有1991年6月4日国务院颁布的《计算机软件保护条例》;1994年2月18日国务院颁布的《中华人民共和国计算机信息系统安全保护条例》(下称《条例》);1996年2月1日国务院发布、1997年5月20日修正的《中华人民共和国计算机信息网络国际联网管理暂行规定》(下称《规定》);1997年12月8日由国务院信息化工作领导小组发布的《中华人民共和国计算机信息网络国际联网管理暂行规定实施办法》;1997年12月12日由公安部发布的《计算机信息系统安全专用产品检测和销售许可证管理办法》;1997年12月11日国务院批准、12月30日由公安部发布的《计算机信息网络国际联网安全保护管理办法》;1996年由原邮电部发布的《计算机信息网络国际联网出入口信道管理办法》和《中国公用计算机互联网国际联网管理办法》等。

关于"计算机信息系统"问题。《条例》第二条明确规定："计算机信息系统是指由计算机及其相关的和配套的设备、设施（含网络）构成的，按照一定的应用目标和规则对信息进行采集、加工、存储、传输、检索等处理的人机系统。"第四条规定："计算机信息系统的安全保护工作，重点维护国家事务、经济建设、国防建设、尖端科学技术等重要领域的计算机信息系统的安全。"第五条规定："中华人民共和国境内的计算机信息系统的安全保护，适用本条例。未联网的微型计算机的安全保护办法，另行制定。"

关于专业用语的理解和把握问题。新《刑法》关于惩处计算机犯罪的条款涉及"侵入""删除""修改""增加""干扰""数据""功能""应用程序""计算机病毒"及"计算机破坏性程序"等概念。它们既是计算机专业术语，又是法律术语。在司法实践中，既要利用计算机知识和技术予以正确理解和把握，又要赋予法律含义，成为侦查和诉讼活动过程中的用语。根据作者的理解，以上用语的含义如下所列。

"侵入"：指非授权或非法进入计算机信息系统的行为。侵入的方式多种多样，比如破译密码、强力闯入、越权进入、搭线窃听、突破控制、迂回绕过等。

"删除"：指在信息系统中全部或部分地删除某一项或几项或所有的系统程序、应用程序或存储的数据等行为。就程序而言，可能仅仅删除其中几行指令，即导致某一个功能部分或全部丧失。就数据而言，删除其中的一项或几项，即导致数据失效。删除的方法也很多，因操作系统不同而不同。

"修改"：指在信息系统中全部或部分地更改某一项或几项或全部的系统程序、应用程序或存储的数据等行为。就程序而言，修改一行或几行指令，系统可能执行与原设计相反的功能或者使原功能部分或全部丧失。就数据而言，修改即导致数据失真。

"增加"：指在信息系统中对原有的某一项或几项或全部系统程序、应用程序或存储的数据进行有目的增添，或者是在系统中增添能达到某种目的的一个或几个程序，或是无中生有地捏造一些数据等行为。就功能而言，对一个系统来说，不是越多越好、越全越好，而是根据设计目标有目的地确定的，因此，擅自增加一些额外的功能，即使不影响系统的正常运行，也有可能影响系统应有的作用。

"干扰"：限定对计算机信息系统功能的干扰，指通过技术手段从外部或内部对系统功能进行瞬时地、间断地、一段时间内地改变，从而使计算机信息系统不能始终连续正常地运行。与"修改"不同的是，它只是造成系统发生不连续性的功能改变，而不是永久性改变系统功能。

"数据"：数据是信息的物理化表现形式。计算机数据有广义和狭义之分，广义的计算机数据是指以"0"和"1"表示的、为计算机处理的所有对象，包括计算机程序和计算机处理的所有信息；狭义的计算机数据是指计算机程序以外的、为计算机信息系统存储、处理、传输的数字、文字、符号、声音和图像等所有信息。

"功能"：指计算机信息系统所提供的用途及方法等。对于一个系统，往往在建设初期就研究确定了功能要求，有清晰的技术指标，并经过测试明确地写在用户文档中予以保存。本词的含义既包括主机的服务功能、网络设备的配置功能，也包括系统中各个辅助设备的协同功能，同时还包括各个终端设备的应用功能等。

"应用程序"：指为解决特定的应用问题而编制的计算机软件。如 WPS、WORD 等是专门为解决文字处理、编辑而编制的，人事档案、工资、家庭开支等管理软件是专门为摆脱人工管理问题而编制的，这些都是一种应用程序。但有的软件，既可看作是应用程序，又可看作是系统程序。

"计算机病毒"：指一种具有自身复制能力的软件程序，是人为设计的，其本身就是一种功能和信息。病毒程序的表达形式是一组计算机指令和有关数据，一般附在其他程序之中，对被侵害者来说，具有难以预知的潜伏性，遇到一定的触发条件即发作，多数与时间、日期有关，如每年 3 月 6 日可能发作的"米氏"病毒、每月 13 日可能发作的"黑色星期五"病毒、每年 5 月 4 可能发作的"新世纪"病毒等。

"计算机破坏性程序"：指包括计算机病毒在内的一切可以对计算机网络系统和数据造成危害的程序，如通常所说的"逻辑锁""定时炸弹""特洛伊木马"等。

关于"后果严重的"问题。《刑法》第 286 条第 2 款明文规定，不论是哪一种行为，造成的影响必须是"后果严重的"；如果有犯罪动机、犯罪行为，但没有产生犯罪结果，或者不是"后果严重的"，一般不予立案。何为"后果严重的"？可从以下几方面考虑：首先看经济损失情况，包括两个方面，即系统本身的直接经济损失和由此造成的间接经济损失，可参照有关罪名的立案标准，确定数额等次，从而界定"后果严重的"和"后果特别严重的"。其次看系统受到损坏的程度，如果系统瘫痪，不能正常运行，当属"后果严重的"；如果瘫痪时间较长，一段时间无法恢复工作，当属"后果特别严重的"。最后再看工作受到影响的程度，即使系统没有瘫痪，但因某项功能受到损害，使正常工作受到影响，也应做为界定"后果严重的"标准。此外，对于从事信息服务业的系统管理员、程序员、操作员，由于他们具备操作计算机的条件，并具有计算机知识和技术，犯罪后有条件逃避侦查、起诉，造成破坏的可能性也较大，又利用职务之便，知法犯法，因此在犯罪情节的考虑上应与一般的犯罪嫌疑人有所区别。

2. 属行政处罚范畴的计算机违法案件立案依据和要求

（1）立案的法律依据。

关于行政违法范畴的计算机违法案件，其立案依据是我国已制定的各类与计算机相关的法律、行政法规、部门规章及地方法规，主要有以下几类：

法律类。如《中华人民共和国保守国家秘密法》《中华人民共和国著作权法》《中华人民共和国合同法》《中华人民共和国专利法》《中华人民共和国商标法》及《中华人民共和国治安管理处罚条例》等法律。目前我国尚未制定专门的信息安全管理方面的法律，因此涉及计算机违法案件，只能依据相关法律处罚。

行政法规类。如《中华人民共和国计算机信息系统安全保护条例》《计算机信息网络国际联网安全保护管理办法》《中华人民共和国电信条例》《中华人民共和国计算机信息网络国际联网管理暂行规定》《中华人民共和国计算机信息网络国际联网管理暂行规定实施办法》《计算机软件保护条例》《互联网信息服务管理规定》等。如违反《中华人民共和国计算机信息系统安全保护条例》规定的6个强制性措施，即安全等级保护制度、国际联网备案制度、信息媒体进出境申报制度、案件强制报告制度、计算机病毒专管制度、安全专用产品销售许可证制度等；或者是接到公安机关要求改进安全状况的通知后在限期内拒不改进的，公安机关可立行政案件查处。如违反《中华人民共和国计算机信息网络国际联网管理暂行规定》关于国际联网的国际出入口信道、互联网、接入网、用户资格等规定的，有关行政管理部门可立行政案件查处。

部门规章类。如《电信设备进网管理办法》《互联网上网服务营业场所管理办法》《互联网电子公告服务管理规定》《互联网站从事登载新闻业务管理暂行规定》《计算机信息网络国际联网出入口信道管理办法》《从事放开经营电信业务审批管理暂行办法》《经营性网站备案登记管理暂行办法》《互联网药品信息服务管理暂行规定》《软件产品管理办法》《电子出版物管理规定》《关于禁止侵犯商业秘密行为的若干规定》《关于制作数字化制品的著作权规定》《计算机信息系统安全专用产品检测和销售许可证管理办法》《计算机病毒防治管理办法》《计算机信息系统国际联网保密管理规定》《商用密码管理条例》等。如违反《计算机信息系统国际联网保密管理规定》中关于不得利用国际联网发布国家秘密信息、发送涉及国家秘密的电子邮件；涉及国家秘密的计算机信息系统不得直接或间接国际联网，必须实行物理隔离；涉及重要工作秘密和商业秘密的，一般不与国际联网；涉密计算机信息系统和涉密信息不应进入公用信息网等规定的，有关行政职能部门可立行政案件查处，后果严重的移送司法机关追究刑事责任。

地方法规类。《中华人民共和国行政处罚法》第二章第十一条规定："地方性法规可以设定除限制人身自由、吊销企业营业执照以外的行政处罚。"第十三条规定："省、自治区、直辖市人民政府和省、自治区人民政府所在地的市人民政府以及经国务院批准的较大的市人民政府制定的规章可以在法律、法规规定的给予行政处罚的行为、种类和幅度的范围内做出具体规定。尚未制定法律、法规的，前款规定的人民政府制定的规章对违反行政管理秩序的行为，可以设定警告或者一定数量罚款的行政处罚。"因此，违反地方法规和规章的也可立行政案件查处。近年来，全国各地结合当地情况，相继制定了一系列维护计算机安全管理秩序方面的法规和规章，如针对网吧管理的问题，各地几乎都制定了网吧管理规定；很多省市还根据《中华人民共和国计算机信息系统安全保护条例》制定了本地的计算机信息系统安全保护办法。这些地方法规和规章都可以作为行政处罚的立案依据。

（2）行政案件立案的事实依据。

《中华人民共和国行政处罚法》第五章第三十条规定："公民、法人或者其他组织违反行政管理秩序的行为，依法应当给予行政处罚的，行政机关必须查明事实；违法事实不清的，不得给予行政处罚。"第三十一条规定："行政机关在作出行政处罚决定之前，应当告知当事人作出行政处罚决定的事实、理由及依据，并告知当事人依法享有的权利。"因此，处罚行政违法范畴的计算机案件，除法律依据外，也需要事实根据。概括起来有以下几种情况：

①违反有关程序性规定的，如不利用我国公用网进入互联网，未办许可手续开展接入服务等，这类违法事实明显，当事人或单位很难否认事实存在，因此，在获取必要的物证、人证后即可立案查处。

②违反有关制度性管理的，如制度不健全或不按制度办事的，这类违法一般当场即能确定事实存在，不需要进行深入调查，因此，立案查处只要有法律依据即可。

③违反有关禁止性规定的，如利用互联网赌博、浏览、传播有害信息的，确定违法事实比较困难，一般情况下，不但涉及电子证据的取证，还需要进行有害信息的鉴定。因此，要采取技术手段固证、取证和出示证据，并对需要鉴定的材料送有鉴定资格的单位进行鉴定，在此情况下确定违法事实，再予以立案惩处。

（作者：蒋平，本文原载于《信息网络安全》2002年第11期）

论计算机犯罪案件的管辖分工

一　管辖机关的职责范围

1. 管辖机关的职责范围

关于刑事案件的管辖，是指公安机关、人民检察院和人民法院直接受理刑事案件的权限分工，主要法律依据是《刑事诉讼法》和有关司法解释。我国《刑事诉讼法》第一编第二章第十八条规定："刑事案件的侦查由公安机关进行，法律另有规定的除外。"

2. 公安机关对计算机犯罪案件的管辖范围

公安机关是计算机犯罪案件的主要管辖机关，具体包括三类计算机犯罪案件：侵入计算机信息系统犯罪案件、破坏计算机信息系统案件和利用计算机实施犯罪的部分案件。利用计算机实施犯罪的案件，在危害国家安全罪方面，主要包括境内机构、组织或个人独立实施的煽动分裂国家罪和煽动颠覆国家政权罪，境内机构、组织或个人独立实施的为境外窃取、刺探、收买、非法提供国家秘密、情报罪等案件；在危害公共安全罪方面，主要包括利用计算机破坏交通工具罪、破坏交通设施罪、破坏电力设备罪、破坏易燃易爆设备罪、破坏广播电视设施和公用电信设备罪等案件；在破坏社会主义市场经济秩序罪方面，主要包括利用计算机洗钱罪、金融诈骗罪、侵犯知识产权罪和侵犯商业秘密罪等案件；在侵犯公民人身权利、民主权利罪方面，包括利用计算机实施的侮辱罪、诽谤罪等案件；在侵犯财产罪方面，包括利用计算机实施的盗窃罪、诈骗罪、职务侵占罪、挪用资金罪、挪用特定款物罪和敲诈勒索罪等案件；在妨害社会管理秩序罪方面，包括利用计算机实施的非法获取国家秘密罪和传播淫秽物品罪等等。

3. 国家安全机关对计算机犯罪案件的管辖范围

根据《刑法》及《刑事诉讼法》有关规定，国家安全机关管辖的利用计算机实施犯罪的部分案件，主要在危害国家安全罪的案件方面，如境外机构、组织、个人实施或者指使、资助他人实施的，或者境内组织、个人与境外机构、组织、个人相勾结实施的煽动分裂国家罪和煽动颠覆国家政权罪等案件。

4. 人民检察院对计算机犯罪案件的管辖范围

人民检察院管辖利用计算机实施犯罪的部分案件，如国家工作人员利用计算机侵吞、窃取、骗取或非法占有公共财物；利用计算机挪用公款；利用计算机故意泄露国家秘密。对于国家机关工作人员利用计算机实施的其他重大计算机犯罪案件，根据《刑事诉讼法》的规定，经省级以上人民检察院的批准，人民检察院也可直接受理。

5. 人民法院对计算机犯罪案件的管辖范围

人民法院直接管辖的计算机犯罪案件主要是指自诉案件，从案件性质上划分主要有三个方面，即告诉才处理的案件、证据充分的轻微刑事案件、证据充分的侵犯人身和财产权利的而公安机关和人民检察院不予追究被告人刑事责任的案件。

二 内部权限分工

1. 垂直权限分工

公安部于 2000 年 7 月 25 日下发了《关于计算机犯罪案件管

辖分工问题的通知》，决定将《刑法》规定的非法侵入计算机信息系统案和破坏计算机信息系统案交由公安部公共信息网络安全监察局管辖。在有条件的省级以下公安机关，上述案件交由公共信息网络安全监察部门管辖，刑事侦查部门应予以配合和支持；公共信息网络安全监察部门暂不具备接受上述案件条件的，仍由刑事侦查部门管辖，公共信息网络安全监察部门应积极协助、配合。各省（自治区、直辖市）公安厅局根据本地实际情况，对计算机犯罪案件的管辖作了具体规定，如有的省厅规定公共信息网络安全监察部门管辖《刑法》第285、286条所规定的刑事犯罪案件；有的省厅除第285、286条之外，还将《刑法》所规定的第287条利用计算机实施的刑事犯罪案件也划归公共信息网络安全监察部门管辖，这主要看当地的公共信息网络安全监察部门是否具有管辖这些案件的条件和能力。

2. 平行权限分工

根据公安部颁布的《公安机关办理刑事案件程序规定》第二十条的规定，铁路、交通、民航公安机关分别管辖铁路、交通、民航系统的机关、厂、段、院、校、所、队、工区等单位，车站、港口、码头、机场工作区域内和列车、轮船、民航飞机内，铁路建设施工工地内，铁路沿线、水运航线以及内部职工在铁路、交通线上执行任务中发生的计算机犯罪案件，林业系统的公安机关负责其辖区内发生的计算机犯罪案件。

三 管辖原则

1. 属地管辖

1998年5月14日第35号公安部令发布施行的《公安机关办理刑事案件程序规定》第十五条规定："刑事案件由犯罪地的公安机关管辖。如果由犯罪嫌疑人居住地的公安机关管辖更为适宜的，可以由犯罪嫌疑人居住地的公安机关管辖。"第十六条规定："几个公安机关都有权管辖的刑事案件，由最初受理的公安机关管辖。必要时，可以由主要犯罪地的公安机关管辖。"

2. 指定管辖

为便于及时侦查、审结计算机犯罪案件，公、检、法部门同时都实行指定管辖原则。根据《公安机关办理刑事案件程序规定》第十七条的规定，对管辖不明确的刑事案件，可以由公安机关协商确定管辖。对管辖有争议或者情况特殊的刑事案件，可以由共同的上级公安机关指定管辖。

3. 级别管辖

根据《公安机关办理刑事案件程序规定》第十八条的规定，县级公安机关负责侦查发生在本辖区内的刑事案件；地（市）级以上公安机关负责重大涉外犯罪、重大经济犯罪、重大集团犯罪和下级公安机关侦破有困难的重大刑事案件的侦查。这个规定同样适用于管辖计算机犯罪案件，但由于网络犯罪的特殊性，在目前全省以下公共信息网络安全监察部门机构尚不健全、办案力量非常薄弱的情况下，可否考虑采用变通办法，即如果县级公安机关对发生在本辖区的计算机犯罪案件没有能力侦查的情况下，移交给上一级公共信息网络安全监察部门侦查，对发生的有重大影响或案情较为复杂的案件由省级公共信息网络安全监察部门或公安部公共信息网络安全监察部门立案侦查。

4. 涉外管辖

从世界各国和我国目前已发生的计算机犯罪案件情况看，多数是涉及网络犯罪，其跨区域、跨国界特性非常明显，因此很自然会牵涉"涉外管辖"的问题。涉外管辖主要有两个方面，一方面是指涉及港澳台的计算机跨境犯罪案件的管辖问题，另一方面是涉及世界其他国家的计算机跨国犯罪案件的管辖问题。从我国的立法体系和原则看，主要采取的是折中办法，即只要犯罪行为或结果有一项发生在我国境内，我国司法机关就有管辖权。

5. 涉及世界其他国家的计算机跨国犯罪案件的管辖

在具体运作中，各个司法机关根据有关法律法规都有相应的处理方式，如公安机关根据《公安机关办理刑事案件程序规定》第十三条的规定处理，即根据中华人民共和国缔结或者参加的国际条约和公安部签订的双边合作协议，或者按照互惠原则，我国公安机关和外国警察机关可以相互请求刑事司法协助和警务合作。

四 交叉管辖

我国《刑事诉讼法》关于案件管辖的规定及《刑法》关于罪名的确定，是调整所有涉及计算机犯罪案件管辖权问题的依据。但在实际工作中，由于计算机犯罪案件的特殊性，如案发地的可分离性、案发时间的不同步性、案件类别的交叉性等，往往造成案件管辖的复杂性和难确定性，触及现有法律的空白。从目前我国情况看，纠纷主要表现在公安机关与人民检察院、司法机关内部及涉外管辖等几个方面。

1. **外部职能交叉**

（1）公安机关与人民检察院刑事案件交叉管辖。

在办理计算机犯罪案件时，往往出现公安机关与人民检察院在管辖上相互交叉的问题，如国家机关工作人员利用计算机实施的犯罪，在案件尚未完全调查清楚的情况下，有时难以定性，这样往往导致管辖权不易界定。随着案件调查的步步深入，管辖权才逐渐明朗。为了解决此类问题，最高人民法院、最高人民检察院、公安部、国家安全部、司法部、全国人大常委会法制工作委员会于1998年1月19日发布了《关于刑事诉讼法实施中若干问题的规定》，该规定表明："公安机关侦查刑事案件涉及人民检察院管辖的贪污贿赂案件时，应当将贪污贿赂案件移送人民检察院；人民检察院侦查贪污贿赂案件涉及公安机关管辖的刑事案件时，应当属于公安机关管辖的刑事案件移送公安机关。上述情况中，如果涉嫌主罪属于公安机关管辖，由公安机关为主侦查，人民检察院予以配合；如果涉嫌主罪属于人民检察院管辖，由人民检察院为主侦查，公安机关予以配合。"公安部在《公安机关办理刑事案件程序规定》第二十一条中规定："公安机关侦查的刑事案件涉及人民检察院管辖的案件时，应当将属于人民检察院管辖的刑事案件移送人民检察院。涉嫌主罪属于公安机关管辖的，由公安机关为主侦查；涉嫌主罪属于人民检察院管辖的，公安机关予以配合。"这些规定也适用处理计算机犯罪案件管辖交叉问题。

（2）公安机关与军队刑事案件交叉管辖。

为了解决公安机关与军队刑事案件管辖交叉问题，公安部在颁布的《公安机关办理刑事案件程序规定》中第二十二条对双方互涉刑事案件的管辖分工进行了具体规定："军人在地方作案的，当地公安机关应当及时移交军队保卫部门侦查。地方人员在军队营区作案的，由军队保卫部门移交公安机关侦查。军人与地方人员共同在军队营区作案的，以军队保卫部门为主组织侦查，公安机关配合；共同在地方作案的，以公安机关为主组织侦查，军队保卫部门配合。现役军人入伍前在地方作案，依法应当追究刑事责任的，由公安机关侦查，军队保卫部门配合。军人退出现役后，发现其在服役期间在军队营区作案，依法应当追究刑事责任的，由军队保卫部门侦查，公安机关配合。军人退出现役后，在离队途中作案的，以及已经批准入伍尚未与军队办理交接手续的新兵犯罪的，由公安机关侦查。"对公安机关和武装警察部队互涉刑事案件的管辖分工，《公安机关办理刑事案件程序规定》第二十三条规定依照公安机关和军队互涉刑事案件的管辖分工的原则办理。但对列入武装警察部队序列的公安边防、消防、警卫部门，以及武警黄金、交通、水电、森林部队人员的犯罪案件，则规定由公安机关管辖。涉及计算机犯罪的案件管辖当然也遵循此规定。

（3）公安机关与人民法院刑事案件交叉管辖。

①证据不足的自诉案件。关于对公安机关与人民法院之间刑事案件的交叉管辖问题，《刑事诉讼法》第十四条第二款作了明确规定："对人民法院直接受理的被害人有证据证明的刑事案件，因证据不足驳回自诉，可以由公安机关受理并移交的，公安机关应当受理。"这个规定对涉及计算机犯罪案件的处理有十分重要的意义，因为不论是什么性质的计算机犯罪案件，证据的收集、保全和认定都是较为复杂的，而法院没有刑事案件侦查权，如果自诉案件的当事人举证不充分，或存在疑点，法院就很难定性量刑，在这种情况下最好的办法是交由公安机关调查处理。

②危害轻微的刑事案件。如侵犯知识产权案件，不具有严重危害社会秩序和国家利益的应由人民法院直接受理，具有严重性的应由公安机关受理，但"轻微"与"严重"的区别有时不是一目了然的，尤其是对受害者来说。在这种情况下，人民法院和公安机关要相互协调配合，如果人民法院认为危害严重的，或证据不足的，应当移交公安机关侦查；如果被害人直接向公安机关控告的，公安机关机关应当立案调查。

2. 内部管辖交叉

处理公安机关内部刑事案件交叉管辖问题的主要依据是《公安机关办理刑事案件程序规定》。根据这个规定，刑事案件原则上由犯罪地的公安机关管辖。如果由犯罪嫌疑人居住地的公安机关管辖更为适宜的，可以由犯罪嫌疑人居住地的公安机关管辖。如果几个公安机关都有权管辖的刑事案件，由最初受理的公安机关管辖。必要时可以由主要犯罪地的公安机关管辖。对管辖不明确的刑事案件，可以由公安机关协商确定管辖。对管辖有争议或者情况特殊的刑事案件，可以由共同的上级公安机关指定管辖。

（作者：蒋平，本文原载于《信息网络安全》2007年第11期）

计算机犯罪的类型及侦查策略初探

一 我国计算机犯罪的主要类型分析

我国计算机犯罪史有 30 多年,从其表现形态和手段方式上看,与国外计算机犯罪基本一致。正确划分和把握计算机犯罪类型,不但有助于制定、修订打击计算机犯罪的刑事法律,也有利于预防和打击计算机犯罪。我国《刑法》的"分则"依据犯罪所侵犯的不同客体和对社会所造成的危害程度,对各种具体犯罪进行分类。"分则"的犯罪分类是分清此罪与彼罪界限的重要依据,有利于正确定罪量刑。从"分则"角度看,关于计算机犯罪,我国《刑法》将其放在"妨害社会管理秩序罪"类,即计算机犯罪所侵害的总的客体是社会管理秩序。社会管理秩序是一个大范畴,根据具体的犯罪对象还可以继续分类。"分则"分类的主要标准是犯罪所侵害的客体、具体对象及所造成的社会危害。据此,计算机犯罪可分为以下三类:

1. **非法侵入计算机信息系统罪**

此罪可分为三个小类,即侵入国家规定的三类信息系统罪、获取系统数据或实施非法控制罪、提供用于犯罪的程序或工具罪。认定本罪应该注意的事项有:

(1) 第一类规定必须是国家事务、国防建设、尖端科学技术领域的计算机信息系统,非法侵入其他计算机信息系统而未获取系统任何数据或未对该系统实施非法控制的，不构成本罪。

（2）本罪是行为犯罪，必须实施法定的危害行为，即：第一类规定必须是非法侵入行为，犯罪人如果试图非法侵入，而实际上没有实现侵入，则不构成本罪；第二类规定必须是获取系统数据或对该系统实施非法控制，否则不构成本罪；第三类规定提供专门的程序、工具，如果能界定不是专门用于侵入、非法控制计算机信息系统的程序、工具，亦不构成本罪。

（3）本罪主观上是直接故意的，间接故意和过失犯罪不构成本罪。第一、二类规定犯罪的前提条件是违反国家规定，直接故意的心理行为。第三类规定是"提供专门用于侵入、非法控制计算机信息系统的程序、工具"，说明提供者对此程序、工具的作用是明知的；如果不是专门的程序、工具，但明知他人实施侵入、非法控制计算机信息系统的违法犯罪行为而为其提供程序、工具，这种行为当然可以定性为直接故意。

（4）第一类规定只要侵入行为完成即可定罪，第二、三类必须有"情节严重的"附加条件，犯罪才成立，属于行为犯罪。

2008年5月6日，南京市公安局接江苏省某厅级机关报案称，该厅政务网站页面无法打开，疑被黑客侵入。专案组在湖北宜昌、广西桂林、湖北潜江等地抓获何亮[①]等6名犯罪嫌疑人，成功侦破该网站被攻击案。在侦破过程中，专案组发现，这些人攻击该网站的目的，是为了在该网站上植入一款名为"大小姐"的木马盗号程序。而这个木马程序早已臭名昭著，不少网游账号均被该木马程序盗取过。此案被公安部挂牌督办。

经查，2008年初，王华通过网络与周牧合谋，由王华提供盗号木马程序，周牧以总代理的身份将该木马冠以"大小姐"之名负责销售。周牧按照"大小姐"系列木马所针对的不同类别游

---

① 本文犯罪嫌疑人名均为化名。

戏，又分包给周桂林、陈之源、盛怡荣、范智涛和杨雄等人，这些人获得授权后，有的在网上大肆销售"大小姐"木马，有的则用该木马程序获取玩家游戏账号和密码。据介绍，这些人先将非法链接植入正规网站，用户访问网站后，会自动下载盗号木马。当用户登录游戏账号时，游戏账号就会自动被盗取，他们则将盗来的账号直接销售或者雇用人员将账号内的虚拟财产转移后销售牟利。通过上述手段，王华、周牧共非法敛财160万元。同时，王华还运用"大小姐"系列盗号木马，独自非法获取"QQ""传奇"等多款游戏用户的账号、密码、游戏装备、虚拟财产等相关数据，后通过李众、王锷（已被警方处以劳教）予以销售，共计非法获利1010.32万元。据统计，"大小姐"系列木马占据我国木马盗号市场的60%以上份额，危害极大。2009年2月，《刑法修正案（七）》公布实施，其中对"非法侵入计算机系统罪"新增设第二、三类规定。最终，鼓楼区检察院以"非法侵入计算机系统罪"，对嫌疑人提起公诉。6月5日，6名被告人被南京市鼓楼区法院以"非法侵入计算机系统罪"，判处1年至1年2个月不等的有期徒刑，并处高额罚金。据悉，此案是我国《刑法修正案（七）》关于"非法侵入计算机系统罪"增设的第二、三类颁布实施以来，全国法院首次适用新条款对网络黑客进行判决的个案。

2. 破坏计算机信息系统罪

此罪分为三个小类，即破坏计算机信息系统功能罪，破坏计算机信息系统数据和应用程序罪，故意制作计算机病毒等破坏性程序罪。认定本罪应该注意的事项：

（1）罪与非罪的界限。

有无严重后果发生，是本罪与非罪行为的分水岭。如果对计算机信息系统功能进行删除、修改、增加、干扰，或者对计算机信息系统中存储、处理或者传输的数据和应用程序进行删除、修改、增加的操作，但是没有造成严重后果的；或者故意制作、传播计算机病毒等破坏性程序，如计算机病毒等破坏性程序尚处于潜伏期，虽然可能占用一定的系统资源，但没有造成严重后果的，不构成本罪。这就是说，从这种高科技犯罪的特点上考察，本罪不存在预备犯、未遂犯和中止犯三种犯罪未完成形态。因为在没有发生严重后果的情况下，认定行为人主观方面的罪过形式存在一定难度，容易将技术水平不高或操作失误的行为作为犯罪来处理，从而扩大打击面，同时也不利于计算机技术的普及和我国信息产业的发展。

（2）本罪既可以在合法使用的，也可以在非法侵入的计算机信息系统上实施破坏行为，以后果严重为成立犯罪的必要条件，属于结果犯罪。

（3）本罪行为人在主观上具有破坏系统完整性的目的或放任这一危害结果发生的心理态度，而非法侵入计算机信息系统罪的行为人，则不希望计算机信息系统受到破坏。

（4）本罪具有基本罪和重罪两个构成类型，法定最高刑为十五年有期徒刑；而非法侵入计算机信息系统罪法定最高刑为七年有期徒刑。

2007年7月，被告人马志松获悉可以通过劫持域名服务器的方法盗取他人的网络游戏账号信息，并掌握了劫持域名服务器的原理，随后，马志松与被告人彭旭一起研究、学习劫持域名服务器的具体方法。同年8月，彭旭按照马志松的要求和思路编写出域名服务器的劫持程序，马志松遂准备采用劫持域名服务器的方法欺骗互联网用户，使域名服务器错误解析从而指向到其设置的携带多种网络游戏木马（一种远程监控软件，用于搜集用户的上网信息及键盘操作信息，并进行远程传送）的服务器上，以达到盗取用户网络游戏账号信息的目的。同年9月，马志松将上述意图告知被告人补勇、马志强、柳绪刚等人，并由补勇出资人民币

4000元,马志强、柳绪刚各出资人民币18000元,用于租用作案用的出租房、电脑以及服务器等。马志强还通过互联网租用了无锡电信大浮IDC机房8台服务器,用于存放由马志松伪造的腾讯公司迷你网首页和由马志强、柳绪刚收集到的17种用于盗取国内网络游戏账号的木马。2007年10月初,马志松通过网络联系了被告人唐嵩钧,让唐嵩钧为其编写了收集各地域名服务器地址的程序以及优化修改下载的木马程序和编写网页木马的免杀程序,用于劫持域名服务器。

2007年9月底至11月中旬,被告人马志松等人在成都市使用编译好的劫持程序对上海市、重庆市、扬州市等10余个省市共计27台域名服务器实施攻击劫持,造成互联网用户在访问腾讯公司迷你网主页时,被错误指向到马志松等人事先设置于无锡市的携带17种网络游戏木马的服务器上,从而被感染木马病毒。因马志松等人的攻击劫持行为,腾讯公司被迫暂时关闭其迷你网首页,致使腾讯公司迷你网及QQ客户端的计算机信息系统不能正常运行,由此造成腾讯公司直接经济损失达人民币100800元。犯罪后果严重,其行为均已构成破坏计算机信息系统罪。

3. 以计算机作为工具实施的犯罪

本罪是指利用计算机系统的特性,侵犯计算机信息系统以外的其他社会关系的犯罪。本罪可根据《刑法》的其他罪种进行分类,如金融诈骗、盗窃、贪污、挪用公款、窃取国家秘密、赌博、制黄贩黄等。认定本罪应该注意的事项如下:

(1)它们必须是法律不限定犯罪方法的罪名,这就是说,这类犯罪既可以利用计算机实施也可以利用其他方法实施。如果客观方面的构成条件要求用计算机以外的特定犯罪方法实施,就不属于本类犯罪。

(2)必须是利用计算机技术知识可以实施其构成要件的危害行为并且可能侵犯其直接客体的犯罪。如果利用计算机特性根本不能实施其危害行为，也不可能侵犯其直接客体的，不属于本类犯罪。

（3）这类犯罪在侵犯其他社会关系的同时也危害社会信息交流安全。在计算机信息系统得到广泛应用的信息时代，一些犯罪分子利用计算机实施传统类型的犯罪，必然侵犯国家对计算机信息系统的管理秩序。但是，这类犯罪侵犯的主要客体是计算机信息系统管理秩序以外的其他社会关系，而在犯罪过程中可能侵犯的计算机信息系统管理秩序则是次要客体。例如，计算机虚拟技术的发展使远程医疗成为现实，距离千万里的脑外科专家可以通过互联网连接电子手术刀这样的先进医疗设备，给当地的住院病人做开颅手术。如果掌握计算机和电磁攻击技术的人同患者有仇，意图趁机对其进行杀害，则可能利用计算机技术或电磁波技术进行干扰破坏，使手术失败，甚至从旁操纵电子手术刀直接杀伤。由此可见，利用计算机特性控制诸如电子手术刀、机器人等机电一体化设备可以实施侵犯人身、财产的犯罪，这绝非危言耸听。《刑法》第287条关于其他计算机犯罪的规定体现了立法者对未来高科技犯罪的远见卓识。

2007年4月，咸宁市公安局网监支队民警在开展工作时发现，该市咸安区有几个用户长期登录"皇冠"赌博网站，涉嫌在互联网上赌球，下注数额较大，最多一注达2万元。2008年6月23日，咸宁警方派出的专案组直捣嫌疑人刘斌租住在武汉某小区内的窝点，抓获刘斌及团伙成员刘袁利、张岭。

据查，2004年以来，刘斌邀约他人合伙开设赌球网站，购买赌球网站程序，并购进电脑建立网络赌球平台，吸引咸宁及武汉地区3000多人参与网络赌球，共接受投注收取赌资9000多万元，获利3800多万元。

咸宁警方随后顺线追踪，一个更大的目标出现了。2008年7月26日，专案组在武汉市抓获重大嫌疑对象顾小燕，并随后相继抓获该团伙成员11人。据查，该团伙自2006年10月以来，通过提供网站赌球平台，在武汉吸收会员参与赌球，共接受参赌会员投注金额约81.94亿元，从中收取代理费约1.52亿元，获利1681万余元。

2008年12月18日，咸宁市咸安区法院做出一审判决，主犯刘斌犯开设赌场罪，被判处有期徒刑9年；其他5名被告被判处3到2年不等的有期徒刑。同日，咸安区法院做出一审判决，主犯顾小燕犯开设赌场罪，被判处有期徒刑9年；其他10名被告除李红被免予刑事处罚外，均分别被判处3年到5个月零15天不等的有期徒刑。

4. 尚未发展成熟的其他计算机犯罪类型

针对计算机信息系统提供的各种服务罪。计算机系统有通信、网络和程序服务等特点，现行《刑法》目前只考虑系统功能、数据、程序等一般特性，尚未涉及于此。随着云计算等信息技术的快速发展，这类犯罪必将成为将来计算机犯罪的一个新趋势，而这种犯罪在国内外也已经发生。

二　我国现行《刑法》对计算机犯罪的适用

1. 根据计算机犯罪形态的发展变化，适时增加了修正条款

在《刑法》第285条中增加两款作为第2、3款："违反国家规定，侵入前款规定以外的计算机信息系统或者采用其他技术手段，获取该计算机信息系统中存储、处理或者传输的数据，或者对该计算机信息系统实施非法控制，情节严重的，处3年以下有期徒刑或者拘役，并处或者单处罚金；情节特别严重的，处3年以上7年以下有期徒刑，并处罚金。""提供专门用于侵入、非法控制计算机信息系统的程序、工具，或者明知他人实施侵入、非法控制计算机信息系统的违法犯罪行为而为其提供程序、工具，情节严重的，依照前款的规定处罚。"

2. 刑法关于计算机犯罪的有关条款仍需不断发展

（1）笔者认为需适时再修正第285条，理由是：如果侵入国家规定的三类系统，并非法获取数据或实施非法控制，这种行为导致的结果非常严重，因为关系到国家安全，损害国家的最高利益，理应在立法上体现从重原则，但现行《刑法》却难以处置这类犯罪。如果运用285条的第1款显然偏轻，而若运用第2款显然不合适，因为第2款立法意图明确，专门保护前款规定以外的计算机信息系统。因而，《刑法》第285条有瑕疵，有必要修正。有两种方法：方法一，将第1款修正为"违反国家规定，侵入国家事务、国防建设、尖端科学技术领域的计算机信息系统，或者获取该计算机信息系统中存储、处理、传输的数据，或者对该计算机信息系统实施非法控制，处3年以下有期徒刑或者拘役，并处罚金；情节严重的，处3年以上7年以下有期徒刑，并处罚金；情节特别严重的，处7年以上有期徒刑，并处罚金"。方法二，将第2款修正为"违反国家规定，侵入包括前款规定在内的计算机信息系统或者采用其他技术手段，获取该计算机信息系统中存储、处理或者传输的数据，或者对该计算机信息系统实施非法控制，情节严重的，处3年以下有期徒刑或者拘役，并处或者单处罚金；情节特别严重的，处3年以上7年以下有期徒刑，并处罚金"。

第3款立法意图虽然明确，但操作却非常困难。这一款描述了两种行为，第二种行为比较好理解，也容易在司法实践中操作和把握，但对第一种行为却很难判断和运用，因为计算机工具和程序，像许多其他物品一样，都有两面性，不存在专门用于犯罪的程序和工具。用于侵入、控制计算机信息系统的程序、工具，确实有很多，但这类程序和工具有时是用来测试、检查、监督或预警计算机信息系统功能或性能的，它不是天生用来犯罪的，就是计算机病毒也是如此，有时候它是用来测试计算机信息系统抗病毒能力的，所以第286条第3款这样规定："故意制作、传播计算机病毒等破坏性程序，影响计算机系统正常运行，后果严重的，依照第1款的规定处罚。"如果这条不修正，可能造成处罚的扩大化，同时还可能对我国的软件研发带来影响。因而，此款可修正为："故意提供专门用于侵入、非法控制计算机信息系统的程序、工具，或者明知他人实施侵入、非法控制计算机信息系统的违法犯罪行为而为其提供程序、工具，情节严重的，依照前款的规定处罚。"

（2）第286条重点是指对系统功能和数据的增、删、改以及制作、传播有害程序，本条第1款虽然列出对系统功能的干扰的犯罪表现，但与增、删、改的操作似乎难以并列，因为增、删、改是一类操作，一类行为。"干扰"应该与增、删、改操作并列，"干扰"表现为利用系统资源、使用系统资源，属于针对计算机信息系统提供的各种服务的犯罪。在司法实践中，由于"干扰"的动机、行为和后果无法律界定，实际上至今未听说依据此款判决的案例。因此，"干扰"在此条此款中无实际意义。但实际上"干扰"情况大量存在，在系统安全中不仅表现在对系统功能上，而且还可能表现在对网络传输层面，在应用程序部署层面，在系统使用层面，在数据应用层面等很多方面。因此，建议将"干扰"计算机系统犯罪单列一条，主要分两个方面，即利用系统作为代理实施犯罪和利用系统作为资源实施犯罪（如计算、存储等）。

（3）需要出台司法解释，对侵入、增加、删除、修改、干扰等计算机术语作法律意义上的解释，以使其成为法律术语；对"后果严重的"进行量化，不但有经济指标，而且还应该有技术指标；对破坏性程序的危害程度进行分类（如制造武器、毒品等），以便定性量罚。

三 计算机犯罪的侦查策略与方法

1. 计算机犯罪侦查策略

（1）传统方法与现代技术相结合。传统的侦查手段在计算机犯罪侦查中同样适用，侦查人员不仅要掌握先进的科技手段，还要熟练应用各种传统侦查手段。

（2）线上查证与线下侦查相结合。犯罪嫌疑人在实施犯罪过程中，其或多或少会在网上活动并留有痕迹。回溯和跟踪已知的虚拟身份，可以发现和掌握作案人的真实身份、活动范围、现实关系、成员数量等深层次信息。明确网上身份是侦破此类案件的重要环节，但不是根本目的。案件是否告破的重要标志之一是确定现实中的犯罪嫌疑人，所以线下查证非常关键。

（3）网监手段与其他手段相结合。犯罪嫌疑人在网上活动必然离不开虚拟身份，虚拟身份对应现实身份。网警可以通过专门手段获取各类虚拟身份的有关网上信息，但离开其他手段很难明确真实身份。

（4）互联网信息与公安信息化相结合。"人是社会人"，只要能搜集到足够多的社会信息，就能实现虚拟资料和现实信息关联，还原事实真相，而做到一点，必须依靠公安信息化工程积累的丰富信息资源。

（5）专门工作与群众路线相结合。这是侦查任何案件都需要坚持的一条原则。

2. 计算机犯罪侦查流程

我国公安部在《公安机关办理刑事案件程序规定》第五章第五十六条规定，明确需要查明的案件事实包括：犯罪嫌疑人的身份；立案侦查的犯罪行为是否存在；立案侦查的犯罪行为是否为犯罪嫌疑人实施；犯罪嫌疑人实施犯罪行为的动机、目的；实施犯罪行为的时间、地点、手段、后果以及其他情节；犯罪嫌疑人的责任以及与其他同案人的关系；犯罪嫌疑人有无法定从重、从轻、减轻处罚以及免除处罚的情节；以及其他与案件有关的事实。所以计算机犯罪侦查要掌握以下几个环节：

（1）现场勘查；

（2）立案侦查；

（3）分析案情、制订侦查计划；

（4）询问证人、调查访问与讯问；

（5）扣押、鉴定证据；

（6）缩小侦查范围、确定犯罪嫌疑人；

（7）破案；

（8）侦查终结。

3．计算机犯罪侦查要点

（1）技术攻关。从技术上寻求突破，及时发现犯罪手段，如破译源代码，能找出隐藏的不正常程序代码。

（2）侦查实验。在事情发生的同样条件下，人为地重演一次，以观察当时当地能否发生这一事件。

（3）证据锁链。以作案手段为基础，从环境条件，技术条件，动机目的和可得到的人证、物证来综合分析行为人，建立以计算机证据为核心的间接证据锁链系统，排除一切可能来确定犯罪嫌疑人。

（4）证据提取。对证据搜集、保存等操作要规范，确保证据的有效性。

（作者：蒋平，本文原载于《警察技术》2009 年第 11 期）

利用信息网络实施寻衅滋事犯罪的限制解释

一 对本罪"虚假信息"的限制解释

分析网络寻衅滋事行为首先应当核实相关信息的内容真伪，判断是否构成虚假信息，是否为虚假恐怖信息、虚假险情、疫情、灾情、警情以外的虚假信息①。本罪的虚假信息包括编造的信息和与事实严重不符的信息，从一般人的角度判断，本罪的虚假信息应具有引起公共秩序严重混乱的可能性。

1. **本罪的虚假信息包括编造的信息和与事实严重不符的信息**

对于编造的信息判断应注意其典型行为和特殊表现形式，对于有事实来源但与事实不完全相符的信息，只有严重不符或严重夸大的才认定为本罪的虚假信息。

（1）编造的典型行为有：①无中生有，虚构捏造，如"环保董良杰"在2012年至2013年通过新浪微博编造"自来水里的避孕药""舟山人头发里汞超标""南京猪肉含铅超标""惠州猪肝铜超标"等虚假信息②；②移花接木，张冠李戴，

---

① 鉴于《刑法修正案（九）》后的网络寻衅滋事罪案例很少，因此本文所选案例不受此范围限制。
② 参见《虚假信息背后的恐慌营销术——"环保董良杰"与大V"薛蛮子"向公众致歉反思社会责任》，载新华网：http://news.xinhuanet.com/legal/2013-09/29/c_117549231.htm。

如 2016 年 4 月"殴打百姓，强征土地，河北省任丘市政府"的虚假信息，是将河北保定阜平城管打人视频进行编辑，备注为"殴打百姓，强征土地，河北省任丘市政府"，并将该视频夹杂在任丘市西环路征地的视频当中①。编造的特殊形式有在新闻评论中或转发新闻时编造虚假。如 2016 年 10 月"温州双屿房屋倒塌死伤百人"虚假信息，是网民"深渊上的火1995"在贴吧"温州吧"题为《温州双屿民房倒塌救援现场》跟帖中多处评论称"我就在事故发生地附近""倒塌楼房里面住着不下百人""死亡人数远远不只 20"；网民"丹Lao201005"在微博转发关于温州市召开的楼房倒塌新闻发布会信息，并评论称"完全是欺瞒的活动，里面至少埋了 100 多人新闻说就 20 几人，我家就住旁边"②。

（2）对于与事实不符的信息是否属于"严重不符"，应根据不符部分的信息来源、性质、传播中发生不符的可能性、不符的程度和可能产生的影响等具体分析。应从一般人的角度，看与事实不符部分的信息是编造还是传播失真，与事实不符部分信息是否引起公众反应的主要事实。如果与事实不符部分在信息传递过程中失真的可能性大，或者不符部分信息的内容与原事实在对公众的影响上性质相同或影响程度一般，不宜认定为本罪的虚假信息。如"穿井得人"的故事为传播失真，交通事故实际伤亡人数为 7 人，但被传为 9 人，这种失真在传播中发生的可能性很大。

---

① 参见《杨某寻衅滋事一审刑事判决书》，载中国裁判文书网：http://wenshu.court.gov.cn/content/content?DocID=d34fd602-d82d-4ed7-ae66-80c7adbe312d&KeyWord=%EF%BC%882016%EF%BC%89%E5%86%80982%E5%88%91%E5%88%9D549%E5%8F%B7。

② 参见《温州多位网民因散布双屿房屋倒塌谣言被治安拘留》，载人民网：http://bbs1.people.com.cn/post/129/1/2/159063835.html。

但是 2016 年 9 月醴陵市"9·23"交通事故死亡 3 人被传"13人"①，2016 年 10 月"温州双岭房屋倒塌死亡 22 人被传"死亡百人"，则为严重不符。

2. 本罪的虚假信息应当具有引起公共秩序严重混乱的可能性

引起公共秩序严重混乱的可能性应从一般人的角度判断，包括虚假信息被一般公众相信的可能性、造成现实危害（公共秩序严重混乱）的可能性。

（1）被一般公众相信的可能性，指信息极易被一般公众信以为真或者认为非常有可能发生，要求虚假信息的内容有具体性，与现实生活有联系。

虚假信息的内容应对事件的时间、地点、人物、事件等基本要素有明确描述。笼统的缺乏要素的信息如"出大事了"等，或者与现实生活没有联系的信息，不宜认定为虚假信息。如 2014 年 4 月匿名用户发布"一家三十四口满门抄斩"的内容，配图为 34 只死老鼠，该信息不具有可信性。但 2015 年 1 月 10 日，吴某通过其微信发布"昨晚，石狮，震惊全国！一家 34 口灭门惨案！转疯了"的信息，称"凌晨 6 点发生重大血案，一家 34 口被残忍杀害，其中一名有孕在身……据警方初步判断，很可能是邻里纠纷引发，受害者与犯罪嫌疑人本是邻居，受害者到邻居家偷吃方便面时被发现"，该信息则具有被一般公众相信的可能性②。

2013 年 7 月 21 日凌晨 3 点多，歌手吴虹飞发微博称"我想炸的地方有北京人才交流中心的居委会，还有住建委"，该微博不久被删除，该信息一般人会认为只是气话或过激言论，不会相

---

① 参见《醴陵市"9·23"交通事故造谣者被依法制裁》，载红网：http://hn.rednet.cn/c/2016/10/10/4102765.htm。

② 参见《老鼠灭门案造谣者被拘涉嫌发布、传播虚假警情》，载凤凰网：http://xm.ifeng.com/baoliao/detail_2015_01/19/3449670_0.shtml。

信真的可能发生，因而不宜认定为虚假恐怖信息①。而 2010 年 8 月 4 日，李某为发泄心中不满，用手机编写短信"今晚要炸北京首都机场"，并向数十个随意编写的手机号码发送，该信息具有使一般公众相信或恐慌的可能性，为虚假恐怖信息②。

（2）引起公共秩序严重混乱的可能性，要求从信息的内容和影响来看，有现实的危害性或造成现实危害的可能性，必须是引起了公共秩序的严重混乱或者对该结果有煽动性。

以 2016 年 10 月"深圳水贝村拆迁每家赔偿至少 2 亿"谣言为例，经核实为与事实不完全相符的信息，但从信息的内容和影响上来看，即使公众对此信息信以为真，一般公众读后是感到羡慕，难以认定会造成公共秩序严重混乱或者对扰乱公共秩序具有煽动性③。

二　对本罪"散布"的限制解释

《利用信息实施寻衅滋事的限制解释》规定了两种散布虚假信息的行为类型，即编造并散布和明知并散布。对于编造并散布的类型，应在编造者和散布者不统一的情况下对编造者的责任谨慎认定；对于明知并散布的类型，应对"应当知道"谨慎推定；对于以"求证""求辟谣"名义发布、转发虚假信息的行为，要区分认定，主要看求证或质疑的合理性。

1. 对于编造并散布的类型，应在编造者和散布者不统一的情况下对编造者的责任谨慎认定

一般情况下，编造者在编造虚假信息后往往会散布，散布应

---

① 参见《女歌手吴虹飞律师："想炸建委"是气话不构成犯罪》，载新华网：http://news.xinhuanet.com/legal/2013-07/28/c_116710813.htm。
② 参见《最高检公布 3 个编造、故意传播虚假恐怖信息案例》，载搜狐网：http://news.sohu.com/20130528/n377326013.shtml。
③ 参见《官方辟谣："深圳水贝村每户拆迁补偿款达 2 亿元"系谣言》，载人民网：http://society.people.com.cn/n1/2016/1025/c1008-28807214.html。

当解释为故意甚至恶意向公众、不特定人或者较多人传播、宣扬、扩散的行为。这里人数和范围对于认定散布的影响值得讨论。如果只是在个别亲友之间加以议论，没有广泛传播、宣扬、扩散的，一般不宜认定为本罪的散布。最高法新闻发言人孙军工认为"编造者无论是否自行实施散布行为，只要编造的虚假信息实际被散布，严重扰乱社会秩序，都应依法追究刑事责任"①。这种观点值得具体分析。

如果编造者在编造虚假信息后，及时采取补救措施，如及时删除或辟谣，有效防止了虚假信息被大量转发或大量评论或者被广泛相信，或者仅仅对网络秩序造成了影响，但没有造成现实的公共秩序严重混乱，不宜作为犯罪处理。

如果编造者在小范围内散布后及时删除，其他人继续大规模散布，特别是在编造者删除虚假信息很久以后他人大规模散布的，宜只追究大规模散布者的责任。因为"刑法虽然对虚假信息犯罪规定了'编造'与'传播'两种不同的行为表现方式，但是，其规制的重点应是'传播'行为而不是'编造'行为。这主要是因为，单纯编造虚假信息行为的社会危害性小，只有在编造的虚假信息被自己或他人传播的情况下才可能造成实际的社会危害性"②。

2. 对于明知并散布的类型，应当谨慎推定"应当知道"的含义，主要看行为人对信息的真实性是否尽到相应的审查和注意义务

"明知"包括"知道"和"应当知道"，行为人主观上应是故意。"知道"指确切知道，根据证据证实；"应当知道"

---

① 参见《编造、故意传播虚假恐怖信息刑事案件司法解释公布》，载新华网：http://news.xinhuanet.com/legal/2013-09/29/c_125467451.htm.
② 赵秉志、徐文文：《论我国编造、传播虚假信息的刑法规制》，《当代法学》2014年第5期，第6页。

则需要根据证据推定，对"应当知道"的推定应当特别慎重。认定行为人对信息的真实性是否尽到相应的审查义务和注意义务，应当坚持从客观到主观，根据信息的发布时间，性质，内容，行为人对信息的了解程度，行为人是否有特殊身份、特殊义务，行为人的行为表现，信息发布的过程、工具、账号，行为人对结果的预见情况，行为人事后的补救情况等综合判断。

（1）通过核实信息发布的时间，看行为人对信息的了解程度以及是否尽到对信息真实性的最低限度的审查义务。

如果在虚假信息发布以前，信息内容中所涉及的对象或单位已经发布正式的声明，或者官方渠道和主流媒体已经及时发布权威的信息，行为人仍然散布虚假信息的，一般可以推定为故意和明知。

特别是突发事件中的谣言，对行为人是否明知的判断和政府部门是否及时公开权威信息密不可分。根据国务院办公厅2016年11月10日发布的《〈关于全面推进政务公开工作的意见〉实施细则》，对涉及特别重大、重大突发事件的政务舆情，要快速反应，最迟要在5小时内发布权威信息，在24小时内举行新闻发布会，并根据工作进展情况，持续发布权威信息，有关地方和部门主要负责人要带头主动发声[①]。如果突发事件发生后官方渠道和主流媒体没有及时发布权威信息，如果从一般人的角度看，谣言是合理推测产生的，没有造成现实的危害后果，或者造成现实危害的可能性极小，或者现实的后果与谣言的因果关系难以证明，则不宜追究责任。只有谣言在事实上（或者可能性极大）严重影响突发事件的应急处理或善后处理，或者从一般人的角度

---

① 参见国务院办公厅印发的《〈关于全面推进政务公开工作的意见〉实施细则》，载新华网：http://news.xinhuanet.com/politics/2016－11/15/c_1119918426.htm。

看，谣言明显是为了恶意损害国家利益或扰乱公共秩序的，才宜以治安处罚或立案追究刑事责任。

（2）通过核实行为人的身份，看其是否有特殊的审查义务和注意义务。

行为人是否主观明知，需要结合行为人的身份、职业、生活经历、教育经历、知识结构等因素进行综合分析判断。普通网民和网络大V、专家或者网络从业者，对所发布或转发的信息真实性的审查义务和注意义务是不同的。网络时代，普通网民不可能做到对所有信息进行分辨和审查，普通网民对于虚假信息偶然一次的单纯转发行为，没有被大量阅读、大量评论或大量转发的，一般不宜认定为明知并散布。而网络大V、专家，他们粉丝多，权威高，影响大，对发布或转发的信息有更高的注意义务；网络从业者也对发布或转发的信息有更高的审查义务。

如"环保董良杰"编造、散布的"自来水里的避孕药""舟山人头发里汞超标""南京猪肉含铅超标""惠州猪肝铜超标"虚假信息案。再比如，"秦火火"诽谤、寻衅滋事案裁判文书中写道："秦×作为网络从业人员，对所发信息的真实性不仅没有尽到基本的核实义务，反而一贯捏造、编造虚假事实，足以证明其主观上明知涉案信息的虚假性。"①

（3）从行为人的客观行为表现看行为人是否存在主观故意。

应综合行为人的微博、微信、电子邮件、QQ聊天记录等电子通信工具内容，所使用的网上账号注册使用情况，起获的电子设备，信息的编造和发布过程等，结合嫌疑人的口供，来判断行为人是否存在主观故意。比如，从发布的内容来说，

---

① 参见《秦×诽谤罪一审刑事判决书》（2013），载中国裁判文书网：http://wenshu.court.gov.cn/content/content?DocID=cb0784c5-d1e5-40c3-a852-67a3f8ffe512&KeyWord=（2013）朝刑初字第2584号。

行为人是否存在编造行为，如对信息的改编、拼接，添加虚假标题、误导性评论等；从发布相关信息的数量来说，行为人是否存在对相关信息进行汇集、总结、集中性或连续性发布等；从发布的工具来看，行为人是否使用专门的、特定的、非常用的手机、电脑等发布相关信息；从发布的账户来看，行为人是否使用专门的手机号码、注册账号来发布；从发布的平台来看，行为人是否存在专门建微信号、QQ 号或者微信群、QQ 群等；从发布时的行为来看，行为人是否存在主动拉人、要求扩散、号召性等行为；从发布后的补救看，行为人是否有删除、辟谣行为等。

3. 对故意散布虚假信息和确以"求证""求辟谣"为目的散布虚假信息的区分认定，主要看求证或质疑的合理性

对主观方面的判断，主要看其求证或质疑的合理性，参考上文对"明知"的认定。对于确以"求证""求辟谣"为目的，发布或转发虚假信息的，不应入罪。对于行为人为了掩盖编造、散布虚假信息行为，以"求证""求辟谣"为幌子，编造、故意散布虚假信息的，不影响对其行为性质的认定。如 2015 年 7 月 16 日、7 月 18 日，滁州接连发生两起非正常死亡事件，使得不少市民议论纷纷，甚至有少数网民造谣传谣。2015 年 7 月 19 日早晨 7 时 30 分，滁州市某网站页面上，出现一则"求问昨晚蓝天砍死人的事情，求证实或者辟谣"的网帖。帖文中称："昨晚在蓝天那边玩的，微信朋友圈都说有人被砍死了。希望有人能目击或者直接辟谣。最近不好的事情很多。"7 月 19 日 9 时 28 分，实名认证的"市公安局发言人"为避免谣言进一步扩散，赶紧发出一则"关于澄清网络谣传滁州市蓝天小区发生砍人事件的说明"的帖文。"市公安局发言人"表示，经公安部门核实，7 月 18 日晚在蓝天小区及附近区域，未发生恶性暴力案件，也未发现有人员伤亡情况[①]。这里的求证实帖,不应追责。

三 对本罪"起哄闹事"的限制解释

1. 认定起哄闹事要求行为人编造、发布虚假信息时主观方面具有无事生非或借故生非的流氓动机

行为人对于其编造、散布虚假信息造成公共秩序严重混乱的后果有主观故意或者应当能够预见。

寻衅滋事罪脱胎于流氓罪,陈兴良教授认为"流氓动机这一主观违法要素对于寻衅滋事的性质认定具有不可或缺的作用。没有流氓动机,就不能构成起哄闹事型寻衅滋事罪","在起哄闹事型寻衅滋事罪中……具有流氓动机与流氓目的的一致性"。[②]最高人民法院、最高人民检察院《关于办理寻衅滋事刑事案件适用法律若干问题的解释》第一条"行为人为寻求刺激、发泄情绪、逞强耍横等,无事生非"和"行为人因日常生活中的偶发矛盾纠纷,借故生非"都是流氓动机。行为人对于其编造、散布虚假信息的行为造成公共秩序严重混乱的后果有主观故意或者应当能预见。

当然,对动机的判断不能只看口供,要结合信息的性质、内容和影响、行为人的身份等综合判断。如为博取关注、提高点击率、增加人气、增加广告收入、推销产品等动机编造、散布虚假信息,如果信息的内容不具流氓动机且不会造成公共秩序严重混乱的,不宜认定为起哄闹事。如 2016 年 10 月"深圳水贝村拆迁

[①] 参见《滁州接连发生非正常死亡事件网络谣言四起》,载中安在线:http://ah.anhuinews.com/system/2015/07/20/006881279.shtml。

[②] 陈兴良:《寻衅滋事罪的法教义学形象:以起哄闹事为中心展开》,《中国法学》2015 年第 3 期,第 274 页。

每户赔偿至少 2 亿"谣言、"大凉山孩子十年没吃过肉"的谣言[1]，难以认定流氓动机和起哄闹事。2014 年 9 月高某认为发布虚假矿难信息引起社会关注会使其购买的山西焦煤集团的期货价格上涨，从中获利。高某使用笔记本电脑先后在百度贴吧、东方财富股吧、和讯论坛等网站，以"期货日报外宣"的网名发布内容为"2014 年 9 月 19 日凌晨 3 时 10 分，位于山西省汾阳市杨家庄镇汾西矿业正升煤业发生瓦斯爆炸，13、14、15 号进口喷出强烈的火焰和浓烟，井下 730 名作业人员被困，事故矿井隶属于山西煤焦集团，位于山西省吕梁市汾阳市境内，此次事故若施救不得力，将酿史上最大矿难"等内容的虚假信息[2]。从流氓动机和目的上可以认定为起哄闹事。

2. 认定起哄闹事要求编造、散布虚假信息的行为具有煽动性，容易引起公众的反应、行动，甚至引发聚集性群体性事件

陈兴良教授认为"起哄闹事，虽然也包含一定的言论，但主要还是行为，《刑法》对起哄闹事的处罚主要是针对狭义上的行为"，"网络传谣行为不能等同于寻衅滋事罪中的起哄闹事行为。但这一观点并不否认对于那些在网络聚集他人到公共场所滋事，并且造成公共场所秩序严重混乱的行为以寻衅滋事罪论处"。[3]

四 对本罪"造成公共秩序严重混乱"的限制解释

"造成公共秩序严重混乱"是网络寻衅滋事罪的入罪标准，

---

[1] 参见《10 月谣言盘点：喝自来水致癌？大凉山孩子十年没吃过肉？》，载搜狐网：http://mt.sohu.com/20161117/n473410569.shtml。
[2] 参见《高某寻衅滋事罪二审刑事裁判书》，载中国裁判文书网：http://wenshu.court.gov.cn/content/content?DocID=cd6797db-9a46-480b-a6bc-2a3252435ac0&KeyWord=（2015）吕刑终字第 93 号。
[3] 陈兴良：《寻衅滋事罪的法教义学形象：以起哄闹事为中心展开》，《中国法学》2015 年第 3 期，第 281、282 页。

但何为"公共秩序"？何种程度才算"严重混乱"？从《利用信息网络实施寻衅滋事的限制解释》施行后各地法院的裁判文书来看，执行标准很不统一。各地裁判文书在认定"造成公共秩序严重混乱"的表述中有"累计发帖数达 7900 条，造成公共秩序严重混乱"①，"该新闻点击量为 7733 次，后被××网站转发，引发大量网民对社会治安的不满、对国家机关公信力的质疑，造成公共秩序严重混乱"，"被多家网站、论坛转载并被百余点击人查看，对××县党委政府的公信力造成了影响，造成公共秩序的混乱"②，"××工作人员发现网上流传的虚假视频，工作和生活受到负面影响"等③。

对利用信息网络编造、散布虚假信息行为后果的判断要结合行为人发布虚假信息的性质内容，发布时间，浏览、转发、评论数量，网络影响力，受影响群众对行为人的关注度，受影响程度，虚假信息对涉及的人员、单位的生产、生活、工作等社会秩序的影响，造成的影响与网上相关信息之间是否存在因果关系等。

1. 公共秩序严重混乱不仅以虚假信息被大量浏览、转发、评论等造成的网络秩序混乱来判断，应同时考虑严重影响工作、生产、生活、营业、教学、科研等现实社会公共秩序

尽管"两高"认为"网络空间属于公共空间，网络秩序也是

---

① 参见《武锦荣寻衅滋事罪一审刑事判决书》，载中国裁判文书网：http：//wenshu. court. gov. cn/content/content? DocID = 0b321f44 - be4f - 4227 - 8bd5 - 81b5123a2a4d&KeyWord = （2015）临刑初字第 275 号。

② 参见《党学超寻衅滋事罪二审刑事裁定书》，载中国裁判文书网：http：//wenshu. court. gov. cn/content/content? DocID = 9a332d78 - 4997 - 479a - a141 - 5af10fb2dbba&KeyWord = （2015）伊州刑二终字第 225 号。

③ 参见《杨某寻衅滋事一审刑事判决书》，载中国裁判文书网：http：//wenshu. court. gov. cn/content/content? DocID = d34fd602 - d82d - 4ed7 - ae66 - 80c7adbe312d&KeyWord = （2016）冀 0982 刑初 549 号。

社会公共秩序的重要组成部分"[1]，但是仅仅对网络秩序造成影响，如果没有现实的社会公共秩序混乱的表象发生，不宜认定为公共秩序严重混乱。单纯对政府形象、道德、公共利益的影响也不宜认定为公共秩序严重混乱。

2. **本罪严重混乱的认定标准，刑法和司法都没有明确规定，可以参照相同或相近罪名的司法解释进行认定**

（1）参照最高人民法院、最高人民检察院《关于办理寻衅滋事刑事案件适用法律若干问题的解释》第五条对"造成公共场所秩序严重混乱"的认定。

（2）参考《解释》第二条和第三条对网络诽谤罪"情节严重"和"严重危害社会秩序和国家利益"的认定，以及最高人民法院《关于审理编造、故意传播虚假恐怖信息刑事案件适用法律若干问题的解释》第二条对"严重扰乱社会秩序"的认定[2]。

五 结语

从《刑法》体系来看，《刑法》已将利用信息网络编造、传播虚假恐怖信息，虚假险情、疫情、灾情、警情信息的行为以单独罪名进行规制，对于编造、传播《刑法》未明确规定的其他虚假信息行为，原则上只能按治安管理处罚处理[3]。"司法解释实际上是把规制物理空间的行为的《刑法》规定适用于规制网络空间

---

[1] 参见《最高人民法院、最高人民检察院就〈关于办理利用信息网络实施诽谤等刑事案件适用法律若干问题的解释〉答记者问》，载中国法院网：http://www.chinacourt.org/article/detail/2013/09/id/1081064.shtml。
[2] 时延安、王烁、刘传：《〈中华人民共和国刑法修正案（九）〉解释与适用》，人民法院出版社，2015年第288页。
[3] 《中华人民共和国治安管理处罚法》第二十五条规定散布谣言，谎报险情、疫情、警情或者以其他方法故意扰乱公共秩序的，处五日以上十日以下拘留，可以并处五百元以下罚款；情节较轻的，处五日以下拘留或者五百元以下罚款。

的言论，这是类推解释而不是扩张解释……确实存在违反罪刑法定原则之弊。"①

从刑事责任上看，与编造、传播虚假恐怖信息相比，编造、传播虚假险情、疫情、灾情、警情等信息的行为，社会危害性要更小。理论上来说，编造、散布其他《刑法》未明文规定的虚假信息的行为，故意扰乱公共秩序的，要比编造、传播虚假险情、疫情、灾情、警情等信息的行为社会危害性更小，宜通过治安管理处罚。只有行为人主观恶意极大，编造、散布其他虚假信息的行为和虚假信息确实造成了公共秩序的严重混乱，以致造成和上述两罪相当的危害后果，才考虑通过网络寻衅滋事罪来规制。

（作者：高洁）

---

① 陈兴良：《寻衅滋事罪的法教义学形象：以起哄闹事为中心展开》，《中国法学》2015年第3期，第281、283页。

网络游戏赌博法律适用问题分析

一 引言

网络游戏赌博系网络赌博的一种,是以网络游戏作为媒介的网络赌博犯罪。网络游戏由于其自身的娱乐性及技术性,吸引了大量的年轻人参与其中,而一旦网络游戏中加入赌博元素,则可能会引发各种各样的刑事犯罪,且对于网络游戏的发展也会带来较大的负面影响。然而,我国目前惩治赌博犯罪的法律依据并未涉及这一新型赌博模式,导致执法部门在办理此类案件中遇到各种各样的问题,因此有必要对网络游戏赌博犯罪进行相关的研究。

二 案例介绍

2014年5月,犯罪嫌疑人朱某、潘某、吴某以营利为目的合伙在互联网上非法创建"博乐游"赌博游戏网站(网址:www.blygame.com)。朱某负责开发网站,提供游戏平台;潘某负责技术维护,维护游戏运行中遇到的问题;吴某负责拉玩家玩游戏以及操作游戏积分和人民币之间的兑换。为保障游戏网站运营,朱某、潘某雇用了朱德某等四名员工,主要负责提供游戏客服,处理账号问题和游戏中发生的其他问题,以及操作后台刷分调整胜负率。同时,朱某又安排金某专门帮其到银行提取网上赌博获得的钱款,并约定按照取出钱款的 1.5% 给予提成。"博乐游"赌博游戏平台的客户需申请一个游戏账号,并通过代理商充值买分才能进行游戏,100 块钱可以买 180 万分。游戏主要有"梭哈""牛牛""捕鱼""牌九""象棋""五子棋""神兽""飞禽""二八杠"等。客户每玩一把游戏,系统从赢方那里扣去 1% 的抽成,最后客户可以通过银商(专门从事网络游戏虚拟游戏币买卖活动并从中赚取差价,帮助玩家把现实货币转换成虚拟游戏币,或者把游戏币转变成现实货币,从中谋取利润的人)退分换钱,以 190 万分兑换 100 块钱,从而实现赌博过程。从 2014 年 5 月至 2015 年 4 月犯罪嫌疑人被公安机关抓获,赌博游戏网站共获取非法所得 6000 余万元。

三 网络游戏涉赌行为定性分析

(一)涉赌行为种类

赌博游戏网站的运营主要包括三个环节:一是网站运营商,例如本案中的朱某、潘某,二人主要负责购买游戏代码、网站的整体运行及技术维护;二是网络服务商,例如本案中向赌博游戏网站出租服务器的某网络科技有限公司,他们能够为赌博游戏网站提供数据库存储空间及网址解析等服务,从而帮助赌博游戏网站接入互联网并正常运转;三是网站运营商雇佣的客服人员,例如本案中的朱德某等四人,他们主要负责管理客服 QQ,解答客户的提问,按照银商指示操作游戏系统杀分放分,调整胜负率。除了保证网站的运营,犯罪嫌疑人还雇佣专门负责取钱的人,例如本案中的金某等人,从而完成整个赌博过程。

(二)赌博游戏网站运营商法律适用问题

赌博游戏网站运营商建立赌博游戏平台并组织玩家赌博,行为符合开设赌场罪的客观方面。首先，赌博游戏运营商在游戏后台调整胜负率。每个游戏他们都会设置一个游戏币库存值，如果机器人的游戏币库存量低于设定的库存值，机器人就会自动调整胜负率，从玩家那里赢钱，直到机器人的游戏币库存量大于或等于设定的库存值。机器人的游戏币库存量大于等于设定的库存值时游戏就会趋向于玩家赢，直到机器人所持有的游戏币量低于设定的库存值。其次，赌博游戏运营商抽头渔利。游戏玩家从网站下载一个客户端并安装就可以进行游戏，但需要申请游戏账号并通过代理商进行充值买分。100块钱可以买180万分。玩家每玩一次游戏运营商从赢方那里扣取1%的抽成。最后，赌博游戏运营商雇佣银商负责游戏推广及游戏积分和人民币之间的兑换。玩家在赌博网站玩游戏使用游戏币来进行押注会输赢游戏币，输钱就找银商买游戏币，赢钱也可以找银商用游戏币兑换人民币。

赌博游戏网站运营商开设游戏网站，为赌博提供场所，设定游戏规则，提供游戏币作为筹码，并雇佣银商提供人民币兑换服务，这种行为符合《刑法》规定的"开设赌场"行为。虽然本案中赌博游戏网站运营商注册了公司（某名游互动网络有限公司），而开设赌场罪的主体不包括单位。我们知道，单位犯罪必须以《刑法》有明文规定为前提条件，只有当《刑法》规定了单位可以成为开设赌场罪的行为主体时，才可能将单位认定为犯罪主体。但是即便赌博游戏网站运营商是依法成立的组织，如果系犯罪嫌疑人为进行违法犯罪活动而设立的公司，不应以单位犯罪论处，而应当以共同犯罪论处。因此，本案中朱某、潘某、吴某等人应按照共同犯罪论处。

实践中，游戏网站运营商对待网络银商的态度，除了上述案例中的相互勾结外，还包括暗中默许以及严厉打击。正规合法的游戏网站一旦发现银商回收其游戏币或者用户间有交易游戏币的行为便采取封号等严厉打击措施，从而保证玩家获取游戏币的方式只有一种，即只能从游戏运营商获得，而且游戏币仅具有单向流转功能，同时合法的游戏运营商只收取少量运营费用而不是像赌博游戏运营商那样按游戏输赢收取佣金。当然，除了上述合法的游戏运营商之外，还有一些网络游戏运营商虽没有主动与网络银商勾结，却对网络银商的行为采取默许的态度，这类游戏平台一般也是经过严格的审批程序并注册成立的合法公司，他们不提供任何游戏币回收服务，但是网络银商却私下将他们的游戏币低价回收高价卖出而从中牟利。由于网络银商的存在，此类游戏网站不仅增长了人气，还获得了巨大的利益。从目前办理的网络游戏赌博案件来看，认定赌博游戏网站主要考虑两个关键点：是否存在抽头渔利行为，是否存在游戏币兑换人民币服务。一些游戏运营商虽然存在抽头渔利行为，但由于未提供游戏币兑换服务，无法认定为赌博网站，然而网络银商的私下交易行为却帮助游戏运营商完成了整个赌博过程。那么对于这种对网络银商采取默许态度的游戏公司，我们是否应追究其法律责任呢？笔者认为，答案应当是肯定的。游戏运营商明知网络银商利用其游戏平台为参赌人员提供游戏币兑换服务，在有能力阻止的情况下不采取相应的措施，属于不作为的开设赌场，应当追究其法律责任。

（三）赌博游戏网络服务商法律适用问题

网络服务商（ISP，Internet Service Provider）是指通过信息网络提供网络信息及相关服务的机构。网络服务商一般包括网络内容提供服务商和网络连线服务商。赌博游戏网络服务商主要是网络连线服务商，即负责将赌博游戏网站接入互联网的网络服务商。根据《刑法修正案（九）》第28、29条的规定，网络服务商可能涉嫌的罪名包括"拒不履行网络安全管理义务罪""帮助信息网络犯罪活动罪"。"拒不履行网络安全管理义务罪"是指行为人不履行法律、行政法规规定的信息网络安全管理义务，经监管部门通知采取改正措施而拒绝执行，情节严重的行为①。网络服务提供者作为特殊主体，具有专业的网络知识，因而在维护网络安全方面具有较强的优势，其注意义务也相应地更高。但是，网络也有其自身的特殊性，信息量之巨大、信息传输之高速等特点使得网络服务商尤其是网络连线服务商难以对不计其数的网络信息进行甄别，因此，《刑法修正案（九）》在规定网络服务商的刑事责任时采用了较高的入罪标准。而《刑法修正案（九）》新增的"帮助信息网络犯罪活动罪"②，主要是针对实践中出现的部分网络服务商为谋取利益向网络犯罪提供帮助行为的社会现象。本罪的主观方面为故意，即明知自己为他人实施的信息网络犯罪提供帮助的行为，会给国家的信息网络管理秩序造成损害，仍然希望或放任这种危害结果发生的心理态度。客观方面则表现为，为信息网络犯罪提供技术性帮助（互联网接入、服务器托管、网络存储、通信传输等）或非技术性帮助（广告推广、支付结算等）。

基于目前刑法的相关规定，我们来分析一下赌博游戏网络服务商的法律适用问题。客观方面，游戏网络服务商确实为赌博网站提供了技术支持，如上述案例中的某网络科技有限公司，他们向赌博游戏网站一共出租了 7 个服务器。但是能否追究游戏网络服务商法律责任的关键不在于其客观方面而在于其主观方面是否"明知"。这一点可以从以下几个方面来判断：第一，游戏网络服务商是否收到过监管部门的相关通知；第二，游戏网络服务商与赌博游戏公司的账务往来是否异常；第三，游戏网络服务商是否在执法人员进行调查时向游戏公司通风报信。具体到本案，该网

---

① 时延安、王烁、刘传：《〈中华人民共和国刑法修正案（九）〉解释与适用》，人民法院出版社，2015 年第 250 页。
② 明知他人利用信息网络实施犯罪，为其犯罪提供互联网接入、服务器托管、网络存储、通信传输等技术支持，或者提供广告推广、支付结算等帮助，情节严重的，处三年以下有期徒刑或者拘役，并处或者单处罚金。

络科技有限公司并不明知潘某租用其服务器用于开设网上赌场,因此不应当追究其刑事责任。

(四)客服人员法律适用问题

为保证游戏正常运转,网站运营商雇用了朱德某、胡某、金某梦、翟某四人负责解决客户的提问以及调整胜负率等工作。这些客服人员并未参与赌博游戏网站的策划,也未与赌博游戏网站的运营商达成分工合作的共识,虽然他们客观上为赌博游戏网站提供了帮助行为,但并未参与分红,每月领取固定工资,其中朱德某每月工资为 3000 元,其余三人工资均为每月 2000 元。主观方面朱德某、翟某知道公司经营的是赌博游戏,但胡某、金某梦因工作时间短并不知道公司经营的是赌博游戏。因此,对本案中胡某、金某梦的行为不应当追究法律责任。而对于朱德某、翟某的行为如何认定,可以根据《关于办理利用赌博机开设赌场案件适用法律若干问题的意见》第七条"关于宽严相济刑事政策的把握"[①]。对受雇佣为赌博游戏网站提供客服等活动的人员,如果未领取高额固定工资,也未参与赌博游戏网站的利润分成,一般不追究刑事责任,即不追究朱德某、翟某的刑事责任,但可以对其进行治安管理处罚。根据江苏省公安厅《关于赌博违法案件的量罚指导意见》,在开设赌场共同犯罪中,为赌博提供条件尚不够刑事处罚的,按照"为赌博提供条件"处 10 日以上 15 日以下拘留,并处 500 元以上 3000 元以下罚款。综上所述,该类客服人员的行为既可能构成犯罪,也可能只是违法行为,或者两者均不构成。具体分析时应当从行为人的客观行为和主观方面进行综合考量。

---

① 对受雇佣为赌场从事接送参赌人员、望风看场、发牌坐庄、兑换筹码等活动的人员,除参与赌场利润分成或者领取高额固定工资的以外,一般不追究刑事责任,可由公安机关依法给予治安管理处罚。

（五）专门负责取钱的人法律适用问题

为逃避公安机关侦查，赌博游戏网站主要犯罪嫌疑人雇佣专门人员帮助其提取赃款。例如，本案中犯罪嫌疑人朱某找到其朋友金某让其帮忙取钱，金某问取什么钱时，朱某告诉其是网络赌博的钱，双方约定由朱某向金某寄送银行卡并定期向银行卡里打钱，金某负责把银行卡的钱取出来并获得1.5%的提成。同时朱某要求金某不要在一个地方取钱并给金某一个手机（只能打电话的小手机）、手机卡和一个联系号码，要求金某在准备取钱的前半小时用小手机联系那个号码，让对方往这张卡里打钱。金某自己取了两天钱后又联系几个朋友帮忙取钱，并告知其为赌博的钱，这些人先后使用银行卡近一百张，平均每天取钱都在四十万元左右，最多七十几万元，最少也要二十几万元，至案发共取钱六千多万元。

这些帮助取钱的人并未参与赌博游戏网站的运营，他们的行为该如何定性呢？有人认为他们的行为符合掩饰、隐瞒犯罪所得、犯罪所得收益罪的构成要件，因为金某等人主观上明知是网络游戏赌博所得的赃款，仍然予以转移，将赃款从银行取出交给赌博游戏网站主要经营人员，妨害了司法机关对赃物的追缴，应当以掩饰、隐瞒犯罪所得、犯罪所得收益罪追究金某等人的刑事责任。还有人认为金某等人与赌博游戏网站经营者构成共同犯罪，应当以开设赌场罪追究其刑事责任。笔者同意第二种观点。首先，掩饰、隐瞒犯罪所得、犯罪所得收益罪中的"犯罪"应是已经既遂或者虽然未遂但已经终结的犯罪，金某等人帮助取钱的行为是在赌博游戏网站的运行过程中，开设赌场的行为一直在持续进行中并未终结，故不符合掩饰、隐瞒犯罪所得、犯罪所得收益罪的客观构成要件；其次，赌博游戏网站主要经营人员朱某在将银行卡交给金某之前就与金某在如何交付银行卡、如何联系取钱、如何将取得的钱上交等方面形成约定，即属于事前约定行为，应当以共同犯罪论处。但因金某等人在开设赌场的共同犯罪中起次要作用，系从犯，依法应从轻处罚。

四 惩治网络游戏赌博的立法建议

历史证明，当一种新兴事物出现时，寄希望于该事物的自我管理是非常愚蠢的。网络游戏自出现以来，就带来了各种各样的问题：游戏网站私自改变游戏规则，设置赌博游戏；网络银商私自倒卖游戏币……这些问题对我国社会造成了巨大的负面影响，影响到我国游戏行业的发展、经济的发展以及社会的稳定，因此有必要从立法层面对其加以规制。

（一）对网上"开设赌场"情形进行补充

目前，认定网上"开设赌场"行为的主要依据就是公通字〔2010〕40号《关于办理网络赌博犯罪案件适用法律若干问题的意见》第1条[①]，然而面对日新月异的网络环境以及层出不穷的赌博形式，这一规定显得过于单薄。例如，如何认定网络游戏中的"开设赌场"行为，法律一直没有明确的规定。实践中，对于提供虚拟游戏币兑换服务的游戏网站，司法机关能够认定为赌博网站。但是，现在越来越多的游戏网站并不提供游戏币的兑换，这一服务由专门的网络银商进行，游戏网站并不参与，但对于网络银商的行为也不否认。对这一行为，司法机关很难将其认定为赌博。因此，笔者建议，应当对网络游戏中"开设赌场"行为做

[①] 利用互联网、移动通信终端等传输赌博视频、数据，组织赌博活动，具有下列情形之一的，属于《刑法》第203第2款规定的"开设赌场"行为：（一）建立赌博网站并接受投注的；（二）建立赌博网站并提供给他人组织赌博的；（三）为赌博网站担任代理并接受投注的；（四）参与赌博网站利润分成的。

出明确规定，具体可以从以下几个方面进行考量：第一，游戏平台内架设"赌博类游戏"或"博彩类游戏"，对于这两类游戏如何界定，笔者认为，只要符合人们的认知常识就可以，比如"牛牛""两张"等；第二，玩家既可以从游戏平台购买游戏币，也可以从网络银商处购买，且游戏平台对玩家参与赌博时的游戏币数量有最低要求；第三，游戏平台设有游戏币"转账"或"赠送"功能，即允许玩家之间进行游戏币交易；第四，游戏平台的虚拟游戏币可以回兑成现金，兑换的方式可以是游戏平台直接回购，也可以是网络银商收购；第五，游戏平台的盈利途径主要是在赌博游戏中抽头或者在玩家间进行游戏币转账时抽头；第六，游戏平台设有"杀分"功能，即可以在后台调整胜负率。一旦游戏网站具备上述几个特征，即使游戏运营商并没有参与游戏币的回收兑换，也应当认定为"开设赌场"。

（二）将单位纳入赌博犯罪主体

在网络游戏赌博中，游戏运营商往往会成立自己的公司，如果该公司是为了实施赌博活动而成立的，或者成立以后，以实施赌博犯罪为主要活动，则不认为是单位犯罪，对相关人员以共同犯罪论处即可。但是，一方面如果游戏公司依法成立后，先是正常经营了较长时间的网络游戏，后又经单位决策机构按照决策程序决定，改变网络游戏规则，将其设置成赌博游戏，从而使游戏平台变成虚拟赌场，这种行为应当认定为单位犯罪，对单位及主要负责人实行双罚制。另一方面，如果游戏公司成立后，仅将一小部分游戏设置为赌博游戏，并允许游戏币的回兑，这种行为并不符合"公司设立后以实施犯罪为主要活动不以单位犯罪论处"的情形，从而导致此类游戏公司本身不能得到应有的惩罚。因此，笔者认为，现行《刑法》没有将单位纳入赌博犯罪的主体，使很多游戏公司有规避法律的空间，故应当尽快增设单位这一犯罪主体，完善立法。

(三) 增设"帮助网络赌博兑换人民币罪"

在网络游戏赌博中，银商充当了重要角色，特别是当一些游戏网站本身并不回购游戏币时，网络银商倒卖游戏币的活动就成了游戏网站最终完成赌博活动的关键。笔者建议，应当将网络银商的行为单独定罪，即增设"帮助网络赌博兑换人民币罪"，理由如下：第一，要认定网络银商的行为构成犯罪，依据传统共同犯罪理论，必须依附于游戏网站或者参赌人员的行为，如果二者不能认定为犯罪，银商的行为则更加难以认定。而在实际办案过程中，公安机关往往先抓获银商，等到抓捕游戏运营商时服务器可能已经被损坏，或者服务器本身就存放于境外，这种情况下，游戏网站认定为赌博网站缺乏相关的证据，很难进入诉讼程序。另一方面，参赌人员的行为往往也都是一般违法行为，这就导致公安机关处于一种尴尬的境地，已经抓获的网络银商无法追究刑事责任，只能以"为赌博提供条件"进行治安处罚。但如果将网络银商的行为单独定罪，则可以有效解决这一问题。第二，银商在很多网络赌博活动中已经从帮助犯向实行犯转化，其危害性比开设赌博网站本身要大，但按照共同犯罪理论，其仅是"从犯"，无法对其进行有效的制裁。第三，银商的行为如何定性在司法实践中存在着争议，原因在于，银商倒卖游戏币的行为既为赌博网站提供了帮助，也为参赌人员提供了帮助。虽然有学者认为应当依据片面共犯理论，以开设赌场罪追究网络银商的刑事责任，但实际上片面共犯理论本身在中外也存在着较大争议，因此对网络银商的行为在法律上做出明确规定非常必要。第四，将网络银商的行为单独定罪，符合目前的立法趋势，网络犯罪"共犯行为的正犯化"[①] 立法模式自于志刚教授提出后，越来越受到社会各界

[①] 于志刚：《论共同犯罪的网络异化》，《人民论坛》2010年第29期。

的关注并得到认可,且《刑法修正案(九)》已经采纳了这一模式,新增了"为他人利用信息网络犯罪提供帮助罪",这足以说明将网络犯罪的部分共犯加以独立,是应对网络犯罪不断变化的有效方式。

(四)提高网络赌博犯罪刑罚,增加附加刑"没收财产"

自网络赌博活动出现以来,其影响范围之广,涉案金额之大,是传统赌博犯罪无法比拟的。然而在对网络赌博犯罪进行打击处理时,我们的依据主要是《刑法》第303条之规定,即与打击传统赌博犯罪的量刑标准相同,这对于网络赌博犯罪来说,明显达不到惩戒的目的。首先,公安机关在办案过程中发现,此类案件的犯罪嫌疑人有些是刚从监狱刑满释放的有网络赌博犯罪前科的人员,有些则曾是网络游戏赌博网站的玩家,赌博网站被查后,自己又建立赌博网站获取非法利益。这些人明知实施赌博犯罪将受到《刑法》的制裁,却仍以身犯险,说明在巨大的经济利益面前,现有的法律并没有对其形成太强的威慑力,刑罚力度不够。而且,由于赌博犯罪法定起刑点较低,赌博罪最高刑期为三年以下,开设赌场罪,情节严重的才处三年以上十年以下有期徒刑,这将导致我国在涉及多个国家的网络赌博犯罪中打击活动明显受限。因此,笔者建议提高网络赌博犯罪的起点刑罚和最高刑罚。其次,网络赌博犯罪涉案金额动辄几千万元,有些案件甚至达上亿元,然而,相关司法解释规定赌资数额累计达到30万元以上的就属于"情节严重",判处三年以上十年以下有期徒刑。照此规定,赌资数额达300万元、3000万元甚至更高的案件都仅仅属于"情节严重",并未有所区分,这很容易造成赌资数额较大量刑畸轻或者赌资数额较小量刑畸重的现象。故笔者建议,将网络赌博犯罪按照赌资数额区分情节,对"情节严重"案件进一步细化,并与法定刑进行同步匹配,从而使赌博犯罪量刑标准更加合理。同时对于赌资数额特别巨大的,建议增设为"情节特别严重",提高法定刑。最后,笔者建议对网络赌博犯罪增加附加刑"没收财产"。目前,针对赌博犯罪的附加刑仅有"罚金"一种,且对于罚金的具体限额法律也没有明确的规定,这对网络赌博犯罪来说,经济制裁力度明显不够。很多网络赌博犯罪分子之所以能够东山再起,最主要的原因在于其经济基础并没有被铲除。另一方面,随着网络的高速发展,网络赌博的资金流转速度更快,流转方式也更加多样化,且大量的赌博犯罪违法所得最终流向境外,从而导致很多网络赌博犯罪的违法所得难以全部追缴。因此,增设"没收财产"这一附加刑,能够最大限度地对犯罪分子实现经济制裁,使其缺乏再次实施网络犯罪的物质基础。

五 结语

打击网络游戏赌博犯罪对于净化网络文化具有重要意义。本文通过实践中的案例对网络游戏赌博违法犯罪行为进行了深入分析,使网络游戏运营商、网络银商等相关人员能够正确地区分正常经营行为和违法犯罪行为。同时针对性地提出了一些立法建议,以期减少法律上的漏洞,降低相关人员规避法律的可能性,从而达到积极预防犯罪的社会效果。

(作者:高洁)

浅析网络违法案件的分类及网络诽谤案件的调查取证

截至 2016 年 12 月，我国网民规模已达到 7.31 亿，互联网普及率为 53.2%，手机网民规模达到 6.95 亿。网络发展的重心从"广泛使用"逐渐转向"深入应用"，对居民生活全方位渗透程度日益凸显，在移动金融、移动医疗、智能家居等新兴领域的网络应用得到快速发展，社会生活逐渐进入"全面网络化"[①]。

一 网络违法的概念及其特点

要弄清楚什么是网络违法，就要知道"计算机犯罪""计算机网络犯罪""网络违法犯罪"的历史和概念。早在 20 世纪 60 年代，随着计算机的使用，"计算机犯罪"的名称也就应运而生了。与此同时，计算机网络的形成和发展，造成利用计算机网络进行远程违法活动也日益增多，这就催生了"计算机网络犯罪"的概念。现今，随着科技的发展，信息技术早已跳出了计算机的局限，以手机为代表的移动、无线智能终端和信息网络无缝对接，整个社会进入了"无处不网""无时不网"的网络时代[②]，也因此出现了"网络违法犯罪"。"网络违法犯罪"从狭义上来理解，即利用网络电子设备（包含计算机、智能移动终端等电子设

---

① CNNIC：《第 39 次中国互联网发展状况统计报告》，2017 年 1 月。
② 刘霞：《浅析对网络违法犯罪的综合治理——以 QQ 诈骗为例》，《法律博览》2016 年第 35 期。

备）通过网络进行的各类违法犯罪活动，而"网络违法"仅限于社会危害性尚不够犯罪程度的部分违法行为。本文所说的"网络违法"范畴也是狭义的，系指在危害程度上尚未达到犯罪的程度，"网络违法"行为相对"网络违法犯罪"情节较轻，依照《中华人民共和国治安管理处罚法》（以下简称《处罚法》）进行治安处罚的情形。随着信息网络的发展，新型网络经营活动中也出现了一些不良竞争现象。工商部门将各种网络违法行为分类，比如通过网络进行虚假宣传、无照经营、网络传销、侵犯消费者权益、利用互联网销售各类不符合规定的产品、超范围经营等等[1]，但这些均不在我们讨论范畴之内。网络违法行为如若得不到及时制止、惩戒，将会由"小错"酿成"大错"，由违法发展成犯罪。因此，对待网络违法的治安处罚在某种形式上也是对网络犯罪的警示和预防。

二 网络违法的类型特征

根据《处罚法》第一章第2条规定：扰乱公共秩序，妨害公共安全，侵犯人身权利、财产权利，妨害社会管理，具有社会危害性，依照《中华人民共和国刑法》（以下简称《刑法》）的规定构成犯罪的，依法追究刑事责任，因情节较轻尚不够刑事处罚的，由公安机关依照本法给予治安管理处罚。网络违法活动在实际办案中一般由辖区派出所负责，必要时候在当地网安部门配合协助下可以认定并处罚。对于网络违法的类型可以从两个方面来入手：一是结合《处罚法》和《刑法》分则中对计算机网络违法犯罪明文规定的相应条款，二是参照《处罚法》中对一些传统的违法行为是否能够利用计算机、网络信息系统等工具达到违法目

---

[1] 陈霁晖：《网络违法案件查处的难点及对策》，《海峡科学》2014年第3期。

的并依照传统违反治安管理应受处罚的情形进行处理。

（一）网络散布谣言扰乱公共秩序类

此类网络违法行为为通过网络虚构事实扰乱公共秩序。《处罚法》第25条规定，有下列行为之一的，处五日以上十日以下拘留，可以并处五百元以下罚款；情节较轻的，处五日以下拘留或者五百元以下罚款：①散布谣言，谎报险情、疫情、警情或者以其他方法故意扰乱公共秩序的；②投放虚假的爆炸性、毒害性、放射性、腐蚀性物质或者传染病病原体等危险物质扰乱公共秩序的；③扬言实施放火、爆炸、投放危险物质扰乱公共秩序的。因此，网络违法行为涉及有关该条款所列行为的，可参照此条款处罚。当网络违法达到一定的严重程度，将参照《刑法》第291条：编造、故意传播虚假恐怖信息罪，以及编造、故意传播虚假信息罪进行处罚。

（二）非法侵入、破坏计算机信息系统类

《处罚法》第29条规定，有下列行为之一的，处五日以下拘留；情节较重的，处五日以上十日以下拘留：①违反国家规定，侵入计算机信息系统，造成危害的；②违反国家规定，对计算机信息系统功能进行删除、修改、增加、干扰，造成计算机信息系统不能正常运行的；③违反国家规定，对计算机信息系统中存储、处理、传输的数据和应用程序进行删除、修改、增加的；④故意制作、传播计算机病毒等破坏性程序，影响计算机信息系统正常运行的。该条款对非法侵入、破坏计算机信息系统类网络违法行为做出了明确规定，而当网络违法达到一定的严重程度时，将构成《刑法》第285、286、287条罪名并将受到相应的处罚。

（三）网络诽谤、骚扰类

《处罚法》第42条规定，有下列行为之一的，处五日以下拘留或者五百元以下罚款；情节较重的，处五日以上十日以下拘留，可以并处五百元以下罚款：①写恐吓信或者以其他方法威胁他人人身安全的；②公然侮辱他人或者捏造事实诽谤他人的；③捏造事实诬告陷害他人，企图使他人受到刑事追究或者受到治安管理处罚的；④对证人及其近亲属进行威胁、侮辱、殴打或者打击报复的；⑤多次发送淫秽、侮辱、恐吓或者其他信息，干扰他人正常生活的；⑥偷窥、偷拍、窃听、散布他人隐私的。当嫌疑人通过网络对当事人进行诽谤、骚扰等违法行为时，可参照此条款进行处罚。当网络违法达到一定的严重程度时将构成《刑法》第246条侮辱、诽谤罪并将受到相应的处罚。而对国家政权、社会主义制度进行网络诽谤时，《刑法》第105条规定，以造谣、诽谤或者其他方式煽动颠覆国家政权、推翻社会主义制度的，处五年以下有期徒刑、拘役、管制或者剥夺政治权利；首要分子或者罪行重大的，处五年以上有期徒刑。

（四）通过网络发布煽动性不良信息类

《处罚法》第47条规定，煽动民族仇恨、民族歧视，或者在出版物、计算机信息网络中刊载民族歧视、侮辱内容的，处十日以上十五日以下拘留，可以并处一千元以下罚款。借助网络手段，不论是其传播速度还是其传播广度，较之传统媒介手段都成指数倍增长，因此，当涉及网络违法行为时，可参照此条进行处罚。当网络违法达到一定的严重程度时将构成《刑法》第249条，煽动民族仇恨、民族歧视罪，以及第278条，煽动暴力抗拒法律实施罪等。

（五）传播淫秽信息类

《处罚法》第68条规定，制作、运输、复制、出售、出租淫秽的书刊、图片、影片、音像制品等淫秽物品或者利用计算机信息网络、电话以及其他通信工具传播淫秽信息的，处十日以上十五日以下拘留，可以并处三千元以下罚款；情节较轻的，处五日以下拘留或者五百元以下罚款。该条款对此类网络违法处罚规定非常明确。

（六）网络赌博类

随着微信使用的普及，人们利用微信、支付宝等工具进行转账、发红包等形式进行相应的交易支付以方便网上资金流转。而有些人利用这一特点使用微信发红包的方式建群并设置相应规则进行赌博活动，这些都是新兴的网络赌博类型。结合《刑法》第287条规定的非法利用信息网络罪、帮助信息网络犯罪活动罪等规定，情节轻微不构成犯罪者可参照《处罚法》第70条规定，以营利为目的，为赌博提供条件的，或者参与赌博赌资较大的，处五日以下拘留或者五百元以下罚款；情节严重的，处十日以上十五日以下拘留，并处五百元以上三千元以下罚款。

通过以上分类，可以看出网络违法的形式、类别是随着计算机网络技术的发展而在不断更新变化的。

三 调查取证

笔者在此仅对网络诽谤他人类案件的调查取证作简单阐明。

2013年9月9日"两高"公布了共十条司法解释，《最高人民法院、最高人民检察院关于办理利用信息网络实施诽谤等刑事案件适用法律若干问题的解释》（以下简称《解释》）主要规定了八个方面的内容，于9月10日起施行。该《解释》对利用网络诽谤他人构成诽谤罪的两个要件"捏造事实诽谤他人"和"情节严重"分别予以明确。《解释》规定"情节严重"的情形有：①同一诽谤信息实际被点击、浏览次数达到5000次以上，或者被转发次数达到500次以上的；②造成被害人或者其近亲属精神失常、自残、自杀等严重后果的；③两年内曾因诽谤受过行政处罚，又诽谤他人的；④其他情节严重的情形。这被解读为网络诽谤信息被转发500次可判刑。

（一）调查方法

该类案件大多都是通过网络传播，有一定的阅读量、转发量和评论等。对这类案件的定性往往要看该条信息在网络中传播的范围有多广，即实际被点击、浏览次数。一些非官方的渠道对一条微博的阅读数是这样描述的：①阅读量是被加载的次数，不是文字意义的阅读数；②阅读数未按用户去重，同一阅读数刷新10次算10次；③多渠道展示，不管是在电脑搜索页看到，还是在手机端看到，不论是看到直发，还是看到别人的转发，都算作计数。而新浪微博的官方解释"微博阅读数计数规则是什么"是这么说的：微博的阅读数指的是在微博的所有平台中，某一条微博被网友看到的次数。包括微博网页版、手机版、官方客户端、其他第三方客户端、部分基于微博的应用等。①

图 1　电脑端

---

① 新浪微博阅读数引自官方的解释：http://kefu.weibo.com/faqdetail？id=14691。

图 2 手机端

关于阅读量调查,首先要注意查看范围,除头条文章的阅读数是所有人可见之外,单条微博阅读数仅自己可见。查看办法如下:在微博个人主页,可以通过点击微博右上角头像或者昵称进入个人主页,每一条您发布的、转发的微博在转发字样前边显示的就是阅读数量。另外需注意计数时间,阅读数计数时间仅从 2013 年 3 月 14 日起,之前的微博不计入统计范畴。

对所发信息溯源并固定转发量、阅读量、留言情况等信息扩散的证据固定以确定案件性质。

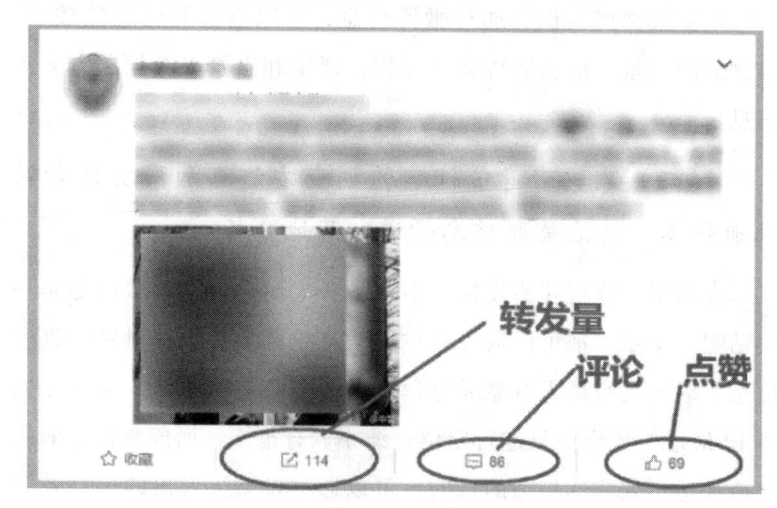

图 3 转发、评论等信息获取

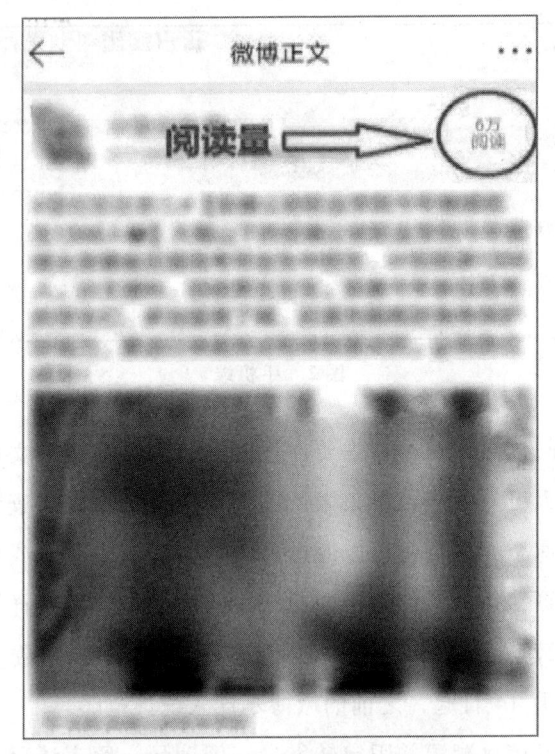

图 4　通过查看阅读量以确定扩散范围

以新浪微博为例，通过微博信息，可以查看到信息的源头、信息的阅读量、信息被转载的次数、评论和点赞以及推送方向等信息。

（二）发帖者身份信息的调查方法可利用发帖者的注册信息、其他关联信息等进行落地分析

在网络上进行注册发帖，不论是各大门户网站的微博还是一些贴吧、论坛，都可以通过其注册信息挖掘出被调查对象的真实信息。纵然是嫌疑人有意通过填写虚假信息进行注册，也可以通过 IP 地址等地理信息进行定位，缩小调查范围，而虚假信息的账号往往达不到快速传播的目的。可以通过发帖人发出的信息及其关联信息，获取即时通讯账号等信息，而从即时通讯账号又可深

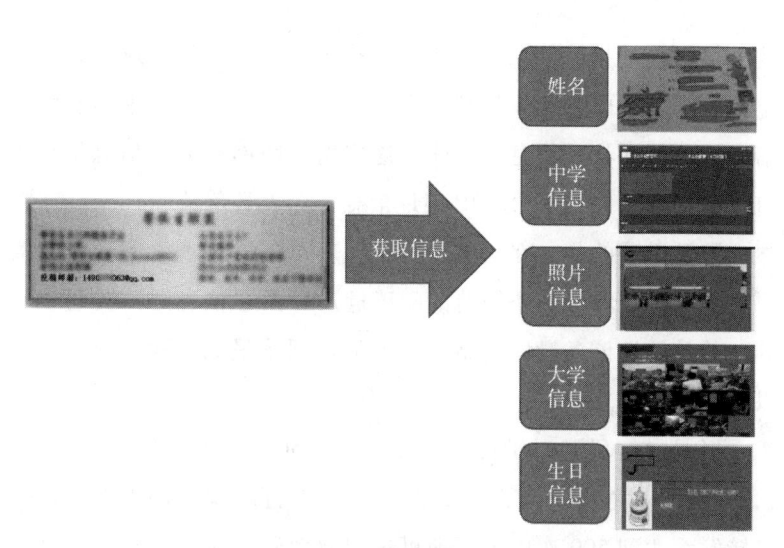

图 5　信息挖掘

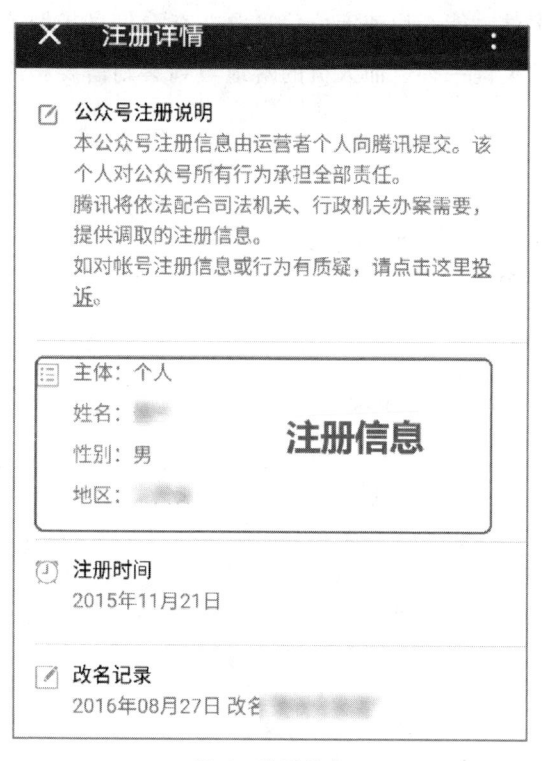

图 6　注册信息

挖出很多其他相关信息。这里以一个QQ号码为例，通过查看其空间内容，可以迅速找到其本人照片、生日、籍贯、中学和大学信息、目前现状等信息。再通过这些由互联网获取的信息结合人口信息系统、警综平台、IP地址信息等对人员落地。

　　需要说明的是，在新浪微博中，对单条微博查看阅读量时需要在手机端查看，一条微博的阅读量只有在"信息源"处可以看到，其他转发该条微博的微博是不显示阅读量的，通过此点还可以快速确定信息源。

　　根据《解释》对于信息转发未达到500次以上的情形，结合《处罚法》对相关责任人员处以五日以下行政拘留的处罚。而一旦转发量达到500次以上，即可按照《解释》的相关规定，结合《中华人民共和国刑法》追究其刑事责任。可以说，针对网络散布谣言类案件，能否快速定位信息源并查看信息扩散范围是决定案件性质的关键一环，而人员的落地与到案则需要相应的技术手段来解决。

（作者：栾润生）

计算机犯罪与电子取证

这部分内容整理了计算机犯罪与电子取证方面的研究成果。共收集了三篇文章:《电子证据的形式效力及认定》《电子证据的收集与保全》《电子证据的发展历程及应用思考》。

以上文章探讨了电子证据的形式、效力和认定等问题,指出公安及司法机关应针对当前形势下电子证据立法和使用中存在的法律和技术的"双重瓶颈"难以突破、相关部门人员的沟通和协调难以取得成效、电子数据提取分析鉴定过程存在较多隐患、设备滞后等问题,从系统电子证据的法律体系、完善电子数据鉴定的行业规范、开展电子证据技术工具研究和研发、加强司法专业技术力量培训等方面入手,推动电子证据在公安司法机关工作中的广泛应用。

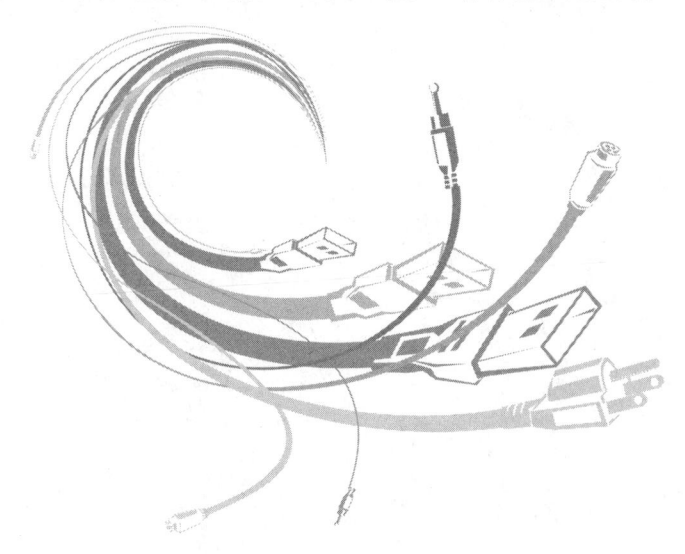

电子证据的形式效力及认定

我们知道，证据是案件的核心与灵魂。随着信息网络的迅速普及和广泛应用，社会生活中的网络纠纷、网络犯罪越来越多。然而，不论是处理民事纠纷还是打击网络犯罪都离不开电子证据。那么，电子证据的法定形式是什么，效力如何，以及其如何认定，这些问题一直是近年来法学界、司法界关注的焦点。

一 电子证据的法定形式

证据是指能够证明案件客观情况的一切材料，必须具有客观性、关联性和合法性等特征。客观性是指证据必须是不以人的意志为转移的客观存在，是事实。关联性是指证据必须与案件有联系，能证明案件存在的某种事实情况。合法性是指证据必须符合法定的形式，并且收集的程序是合法的。

我国《刑事诉讼法》第五章第42条明确规定："证明案件真实情况的一切事实，都是证据。"同时规定证据有七种形式，即物证、书证；证人证言；被害人陈述；犯罪嫌疑人、被告人供述和辩解；鉴定结论；勘验、检查笔录；视听资料。我国《民事诉讼法》第六章第63条规定，证据有书证、物证、视听资料、证人证言、当事人的陈述、鉴定结论、勘验笔录七种形式。我国《行政诉讼法》第五章第31条规定证据有七种形式，即书证、物证、视听资料、证人证言、当事人的陈述、鉴定结论、勘验笔录及现场笔录。由此可见，我国的三部诉讼法基本上对证据的形式有着同样的规定。

在网络案件中，客观存在的与案件有某种联系且收集程序合法的计算机信息能否成为证据，关键要看计算机信息是否符合法定形式。从上述三部程序法规定的证据形式看，都没有直接把电子证据列为法定的证据形式。这是否意味着电子证据不能作为案件的有效证据使用？在该问题上，目前主要存在两种观点：一种观点认为，电子证据在诉讼法没有明确规定之前，不能作为有效的证据使用；另一种观点认为，近年来我们相继修改《民事诉讼法》、《刑事诉讼法》以及《行政诉讼法》等程序法的主要目的之一就是解决电子资料的证据力问题。这三部诉讼法都将视听资料明确列为法定的七种证据之一，而视听资料又恰恰是利用录音、录像等反映的形象、声音以及电子储存的数据来证明案件及事实的证据，因此通常可将电子资料归入视听资料，以作为我国法律认可的证据之一。例如，我国著名刑法专家高铭暄教授在2001年全国人大常委会法制讲座第九讲《我国的刑法和刑事诉讼制度》的讲稿中指出："视听资料是指以录音、录像、电子计算机以及其他科技设备所储存的信息资料，是证明案件事实情况的一种证据。视听资料是借助高科技设备作为信息载体的，这种信息载体能够准确地记录、储存和反映有关案件的各种情况，具有较强的客观性。同时，视听资料通过运用高科技手段，能够再现与案件有关的各种声音和图像，信息含量大，能给人以全方位的直观感觉，这一点是其他证据所无法比拟的。同时，视听资料能够反映案件事实情况在一定时间范围持续的声响和形象，再现案件事实情况发生的动态过程，这也是其他证据所不具备的特点。总之，由于视听资料具有较强的客观性、直观性、动态性和连续性等特点，因此它对于司法机关准确查明案情并查获犯罪嫌疑人，正确地审查与判断其他证据等都具有重要意义。"法律规定，证据的根本属性是能"证明案件真实情况的一切事实"。从这个意义上讲，只要具备"事实"这个属性就不能被排除在证据形式之外。很显然，电子证据是一种客观存在，尽管在收集、认定、保全及出示等方面还存在一定的困难，但不能因此而排除其证据力。

至于是否可以将电子证据一概归入"视听资料"，可能还要具体问题具体分析。我们应该明确电子证据是什么，其表现形式有哪几种，然后再进行"对号入座"。目前，国内法学界、司法界对什么是电子证据大体有三种观点：第一，认为电子证据是指在计算机或计算机信息系统运行过程中产生的以其记录内容来证明案件事实的电磁记录物；第二，认为电子证据是计算机产生、制作的证据；第三，认为电子证据是一切与计算机有关的证据。但不论采纳哪种观点，似乎都不能直接与"视听资料"挂钩。例如，黑客入侵计算机信息系统后，日志中将自动保留被侵入的文件最后一次被读取的时间记录，包括文件的子目录也会保留最后被读取的时间记录，即使该文件被删除，子目录的读取时间记录也不会消失。因此，一个被非法入侵或存储有非法资料的计算机信息系统，在通常情况下都会留有入侵者的痕迹，该痕迹就是证据。但是，如何确定其证据形式呢？从本质上讲，这种痕迹是以其内容起证明作用的，因而符合书证的特点，但其又与传统的以纸张为主的书证存在一定的区别。从表现形式看，该痕迹是以数据的形式被存储在电脑硬盘中，似乎又是物证，但由于它极易被修改，不具有"只要客观载体未受毁损，或者毁损在程度上并未影响到它所载有的文字或符号，就不会直接降低乃至减弱其特定的思想内容的传达所固定的证明效力"，因而又难以归入物证。如果将之归入"视听资料"，似乎根据也不充分（法律对此没有明确规定）。

在电子证据尚无法律界定的情况下，笔者认为可从其产生及表现形式入手进行适当归类。一般来讲，电子证据主要有以下三种表现形式：一是计算机输入、储存、处理（包括统计、综合、分析）、输出的数据；二是按照严格的法律及技术程序，利用计算机模拟得出的结果；三是按照严格的法律及技术程序，对计算机及其系统进行测试得出的结果。首先，从承载介质看，如果输入、存储的信息记录在诸如硬盘、磁盘、光盘等介质（其根本属性与纸张一样，是用于记载信息的载体）上，则在保证此类介质上的信息内容能固定且不会消失或修改的情况下，其电子形式可视为"书证"。例如，在日本，犯罪嫌疑人入侵了计算机信息系统，并将文件资料下载到电脑存储介质中，如软盘、硬盘或光盘等，或者把证据从计算机中取出并在磁盘上作拷贝，这种存储介质即被视为准文书，具有书证的效力。如果以声音、图像形式表现，即为"视听资料"。其次，利用计算机模拟是根据已知条件和事实，依照法律程序和技术要求进行计算机演示，以确定犯罪的可能性概率，因此模拟的结果可列为"勘验、检查笔录"。再次，对计算机及其系统进行测试，是运用软件按照法律程序对机器及系统的性能、受损情况等进行测量、测算、鉴定，从而确定犯罪的危害程度，因此可列为"鉴定结论"。当然，要成为法定的证据形式，还必须由法律做出规定。

随着信息网络的日益普及和广泛使用，法律迟早会明确将之列为一种证据形式。我国于1999年颁布的《合同法》规定，当事人订立合同可以采取书面形式、口头形式和其他形式，同时还规定书面形式包括电子数据交换（EDI）和电子邮件。由此可见，我国《合同法》已明确承认了电子证据在商务合同中的法律效力，并肯定了电子数据交换和电子邮件的书证形式。联合国国际贸易法委员会在1996年的《电子商务示范法》第9条中明确规定："在任何法律诉讼中，证据规则的使用在任何方面均不得以它是一项数据电文为由，或如果数据电文是举证人按合理预期能得到的最佳证据而以它是非原件为由，从而否定数据电文的可接受性。"这个条款在实际上肯定了数据电文是一种法定的证据形式。

二　电子证据的法律效力

电子证据有以下明显特征：一是电子证据的承载者是电磁介质（将来有可能是生物学、光学等形式的介质），其记录的内容不但肉眼看不到，而且凭人的思维也很难解读，只有在经过一系列处理程序后通过屏幕显示或打印机打印后才能为人所识别；二是电子证据被改动后，不像书面证据那样容易察觉和鉴别，几乎不留下任何痕迹；三是电子证据的产生过程受到一系列因素的影响，因而容易出差错，而错误的原因是多方面的，既有人为因素、环境因素，也有机器本身的问题，对这些因素的判断不是很容易就办到的。就人为因素而言，判断是操作失误还是故意所为显得尤为困难。正因如此，才使电子证据的有效性产生了争议。

如果将电子证据列为"视听资料"，也难以具备其他证据形式的法律效力。高铭暄教授在全国人大常委会法制讲座第九讲《我国的刑法和刑事诉讼制度》的讲稿中指出："视听资料也有可能是伪造的、被篡改的。比如，录音带、录像带可以通过模仿、消磁、剪接、叠影等手段对内容加以伪造或改变；电子计算机可以改变程序设计，变换输入、输出的数据。因此，将视听资料作为证据运用之前，也必须同其他证据一样，认真地对之进行审查判断。除了审查其来源和形成过程外，还要特别借助于现代高科技手段加以识别。比如，通过音素分辨仪鉴别录音带中的声响是否有模仿与伪造，通过分辨仪勘测录像带中的图像是否为剪辑、拼凑的，如此等等。只有通过严格审查，确认其为真实可靠的视听资料之后，方能作为证据使用。"这就是说，电子证据即使能直接归入"视听资料"，也不是拿来即可作为证据的，还必须经过鉴定，与"鉴定结论"同时并用。我国《民事诉讼法》第69条也明确规定，对视听资料，法院应辨明真伪，并结合本案的其他证据，审查确定能否作为认定事实的根据。这就说明如果视听资料与其他证据相一致，共同指向同一事实，那么就可以认定其效力；如果不一致就显然难以确定为认定事实的根据。在实际诉讼过程中，既有相互印证使用的、并存的多种形式的证据，也可能没有，或者相关的证据都是电子资料。在这种情况下，电子证据的效力将成为证明案件事实情况的关键，法院必须做出采信与否的裁定。

对证据的采信问题，目前世界上大致有三类规定：一是原则上不限制所有出示的有关证据，也没有明文规定或限制在司法诉讼或仲裁中使用计算机记录作为证据。二是明确列举可作为证据的种类。大多数大陆法系国家在证据法或诉讼法中都明确列举哪些种类或形式可以作为证据，如我国诉讼法列举了七种证据类型，但都未直接将电子证据列入其中。三是关于"传闻证据"的限制，对法院之外传来的证明不为法庭所采纳。计算机化的"视听资料"虽然没有被明确列为"传闻证据"，但却很难被法院承认。因此，电子证据的效力较其他证据形式来说比较低，司法实践中仅有计算机证据难以定案，往往需要其他证据作佐证，形成一个证据链。

如果像前面讨论的将电子证据列为"书证"，在法律效力上也存在问题。因为，不论是大陆法系还是英美法系的诉讼法，基本上都要求证据是有形的、可触摸的东西，如果是"书证"则强调"原件"。而电子证据是通过计算机程序运行而产生的，是无形的、不可触摸的，最初保留在运行处理该证据的机器的电磁介质中。如果将其提交给法庭，往往要通过显示器或打印机输出，很难说是传统意义上的"原件"。

随着计算机网络的发展和金融电子化进程的加快，电子证据在金融领域的有效性越来越引起世界各国的重视。联合国贸发会议于 1996 年通过的《电子商务示范法》第 5 条规定："不得仅仅以某项信息采用数据电文形式为由而否定其有效性和可执行性。"第 8 条规定："（1）如法律要求信息须以其原始形式展现或留存，倘若情况如下，则一项数据电文即满足了该项要求：①有办法可靠地保证自信息首次以其最终形式生成，作为一项数据电文或充当其他用途之时起，该信息保持了完整性；②如要求信息展现，可将该信息展示给观看信息的人。（2）无论本条第 1 款所述要求是否采取一项义务形式，也无论法律是否仅仅规定了不以原始形式展现或留存信息的后果，该款均适用。（3）本条第 3 款的目的：①评定完整性的标准应当是除加上背书及在通常传递、存储和显示中所发生的任何变动之外，有关信息是否保持完整性，未经改变；②应根据生成信息的目的并参照所有相关情况来评定所要求的可靠性标准。"上述两条规定加上前面介绍的该法第 9 条的规定，基本上解决了国际贸易领域电子证据的法律效力问题。但这仅是国际贸易领域的法规，在若干个签约国家的国际贸易领域有效，没有普遍的约束力。

英美法系的证据法规定了两类证据规则，即传闻证据规则与最佳证据规则，证人以外的人明示或默示的事实主张以及在没有证人作证的情况下，向法院提出的书面材料上的事实主张，都属传闻证据，不能被采纳为证明其所主张的事实真实性的证据。就书面证据而言，须由书写者作证。但电子证据是由计算机信息系统自动处理的，计算机不可能作证，因而计算机输出的书面材料只能视为传闻证据。根据最佳证据规则，只有文件的原件才能作为书证被采纳。电子数据只有通过显示器显示或打印机打印才能成为可读形式，不能算作原件。我国《民事诉讼法》虽然规定在提交原件确有困难时，可以提交复制品或副本，但其效力不能等同于原件。从这个意义上看，如果将一部分电子证据列为书证，还需从法律上重新界定传统意义上"原件"的概念。

三 电子证据的认定

除了法定形式和法律效力问题外,电子证据还存在认定和保全问题。从证据性质角度看,其存在准确性、真实性、可靠性问题;从诉讼角度看,其存在如何举证的问题。一般情况下,储存在计算机硬盘或其他载体内的数据和程序,不但可以人为地增、删、改,还可能因设备自身问题或自然因素而遭销毁、更改或破坏,如果是出于主观故意,还可能会找不到任何增、删、改的痕迹。因此,如何认定和保全电子证据,也是立法、司法及执法机关必须面对并解决的问题。

美国的《联邦证据法》规定,在实践领域,对犯罪过程中使用的计算机应采取步骤保护和保留证据。在英国,计算机产生的证据资料必须符合 1984 年通过的《警察与犯罪证据法》的要求。该法第 69 节规定:①提不出正当理由证明(证据)由于计算机不当操作而导致证据资料错误的(该资料可作为证据);②计算机运行正常,如不正常但任何规则都不影响文件资料的准确性的(该资料可作为证据)。在韩国,如果电子介质中记录着情报资料,其软件本身当然是一件证据,但情报内容是肉眼看不到的,为了得到情报内容,就必须利用电脑系统打印输出。如果得不到软件制作者的很好配合,而采取了强制手段,则得到的证据就没有法律效力;如果将该电子记录物复制后交给专家解读,而专家不能正确地把握情报在电子记录物中的位置及利用何种电脑语言和何种程序运行的,解读的情报内容没有证据效力。由于电子证据在诉讼中出现得越来越频繁,并在刑事、民事方面发挥着直接影响审判结果的重要作用,韩国近年来对现行诉讼法进行了修改,规定在调查阶段由于电脑系统中的电子记录物使用了各种特殊的电脑语言，为了理解其内容必须利用原来的电脑系统打印输出，没收、搜查应包含对输出物的管理；如果在以后的审判中以其打印输出物为证据，则需要打印输出者，即该电脑系统的操作人员或其监督者签名、盖章。此外，韩国对电子证据的认定也作了规定：第一，电磁记录物或输出的印刷物是很容易被伪造或变更的，所以如果要证明是正确地处理、记录了电脑系统内的电子记录，就必须保证其在保管过程中没有任何变更，输出时没有故意地修改、变更或产生机器方面的不当操作，是正确的打印输出，才可以认定为证据。第二，根据现行诉讼法的规定，证明其具有证据能力。

解决电子证据的准确性、真实性、可靠性问题，必须建立一整套科学的证据认定和保全机制。一是要建立第三方认证机制，如国家或行业认证中心，规定在电子数据交换过程中双方发生争议时，以认证中心提供的数据为依据。认证机制建设主要包括以下几个部分：①建立国家级、行业级及地方级各级认证中心，负责发放和管理数字证书。通常采用多层次的分级结构，上级认证中心负责签发和管理下级认证中心的证书，最下一级的认证中心直接面向最终用户。认证中心主要功能有证书的颁发、证书的更新、证书的查询、证书的作废以及证书的归档。②建设数字签名体系，提供对信息来源的鉴定并能检测信息是否被篡改。发送方计算机的签名和数据一起传送给接收方，签名值是关于发送方的私钥和要发送的信息的一个数学函数值。算法的构造保证如果不知道私钥就不可能计算出这个签名值。接收方可以通过依赖发送方的公钥、签名值和接收到的数据的另一个数学算法来验证接收到的信息就是发送方签名的信息。③发放数字证书，在网络通信中标志通信各方身份的信息，其作用类似于现实生活中的身份证。它是由一个权威机构发行的，人们可以在交往中用它来识别对方的身份。

二是建立电子证据审查制度，审查电子资料的来源，包括形成的时间、地点、制作过程等；审查电子证据收集的程序和使用的工具是否合法；审查电子证据与事实的联系；审查电子证据的内容是否真实，是否有伪造、篡改等。

三是建立证据保全机制。从民事诉讼法的角度看，所谓证据保全是指在证据可能灭失或以后难以取得的情况下，人民法院根据诉讼参加人的请求或依职权采取措施加以确定和保护的制度。对刑事案件中的电子证据也需要采取相应的保全措施。

四是建立电子证据鉴定机制。目前需要进行计算机化证据鉴定的问题很多，如对是否进入了系统的证据进行有效性鉴定；对是否实施了破坏系统行为的证据进行有效性鉴定；对电脑黄毒的鉴定；对后果严重程度的鉴定等。1997年9月28日零时，大连市某寻呼台突然发生死机，造成拥有8000名用户的寻呼网络瘫痪半小时。该台紧急抢修无效后，迅速将主服务器切换到备份服务器上，但此后一个多月内，该寻呼网络多次发生故障，使得寻呼业务无法正常开展。该市公安局接到报案后，组织技术人员对原网络服务器进行了技术检测，警方利用超级用户进入网络，再利用管理系统网络程序进入用户信息系统，发现主管信息的用户出现了异常，从而确定是系统管理员修改了用户限制功能项，使寻呼网络在某特定时间内停止了服务。但对该鉴定结果的法律效力问题，还需要做出法律上的规定。

此外，要组织研制开发鉴定技术。计算机犯罪是技术性较强的犯罪，在认定犯罪的过程中必须使用先进的技术方式。如，①程序对照分析，即将当前系统运行的程序与备份程序进行比对，找出不同之处，分析改变后的程序与当前程序的功用。②数据恢复，即对被删除的数据和程序进行复原。③文件指纹特征分析，即内存指纹和磁盘指纹是随文件写入磁盘时产生的，内存指纹可以反映文件写入磁盘前内存的使用情况，磁盘指纹可以反映文件写入磁盘前存储的信息。这些信息随文件产生而产生，像指纹一样可以反映文件的一些属性，如创建文件的时间范围等，且可根据特定日期生成的文件指纹特征来推断特定日期机器运行了哪些程序。④搜索查询技术和残留数据分析技术，即利用一些关键字和特征对全盘进行搜索。

（作者：蒋平，本文原载于《信息网络安全》2002年第7期）

电子证据的收集与保全

证据必须符合法定的形式才能被认为具有证明效力。传统的证据法所认定的证据是载于纸张及一些有形物体上的内容,用来证明案件事实的。随着计算机及其技术的发展和普及,互联网的不断延伸和广泛应用,电子证据应运而生。由于立法的滞后性,这种新形式的证据向证据法和司法实践提出了挑战,如传统的举证方式要出示原件,以便法庭核对、确认,但对数字化作品而言,原件的概念便不复存在,因为对同样由数码表达、并由计算机操作和传输的作品,原件和复制件很难界定。

一 电子证据的性质

电子证据的承载者是电磁介质(将来有可能是光学介质),其记录的内容不但肉眼看不到,而且凭人的思维也很难解读,只有在经过一系列处理程序后通过屏幕显示或打印机打印后才能为人识别。

电子证据的产生过程受到一系列因素的影响,因而容易出差错,而错误的原因是多方面的,既有人为因素,也有环境因素,也有机器本身的问题,对这些因素的判断不是很容易办到的,此外,就人为因素而言,判断是操作失误还是故意所为,则更加困难。

电子证据被修改和变动后,不像书面证据那样容易察觉和鉴别。电子证据被修改和变动后其几乎不留下任何痕迹，因此无法识别。

电子证据在存储和处理的过程中，其信息的表现形式为二进制编码，一切信息都由这些无形的编码来传递，使电子证据按照常规手段难以识别和确定。

电子证据通常包括：保存在计算机或其他电子、数字设备中的电子数据；保存在可移动的电磁或光学介质上的电子数据；电子邮件；电子数据交换中的信息；数字化图像和录像；数字化音频文件等形式的证据。由于电子证据是通过显示或打印输出后的数据、图像、图形、声音等显示出来的，因此其情况就比较复杂，有可能是法律上的原件，也有可能法律上的是复制件，但只要查证属实都可以当作证据使用。另外，我国《民事诉讼法》规定在提交原件确有困难时，可以提交复制品或副本。因此，我国在证据方面的规定对采纳电子证据不构成障碍。

二 电子证据的认定

证据是证明案件事实的基本根据，是定案的主要依据，证据需要查证后才能认定是否真实有效，才可能确定其证明力。证据的认定是指对证据有无证明力和证明力大小进行的认定，从而认定案件事实，做出公正裁判。证据审核认定的主体是人民法院负责案件审理的审判人员，即合议庭和独任庭的人员。审核认定的目的就是要查明证据是否真实有效（有证明力）以及证明力的大小，最终为运用查明的证据认定案件事实，并做出公正的裁判服务。所以，电子证据的认定是指审判人员对电子证据审查和核实，认定电子证据有无证明力和证明力大小，从而认定案件事实，做出公正裁判的诉讼过程。电子证据的认定包括电子证据可采性认定和电子证据证明力认定。

(一) 电子证据可采性认定

电子证据虽然是计算机发展的产物,但它作为证据不仅仅是一个技术问题,而且还是一个法律问题。事实上,鉴于电子证据的特点,对它能否作为诉讼证据,作为何种证据使用,对它的证据能力、证明力和审查判断规则的认识,都经历了一个发展过程,各国的做法也不尽相同。我国学术界对于电子证据在什么情况下可以被采纳也存在着争议,但依照我国学术界的主流意见,某一证据必须具有关联性、合法性与真实性才能作为定案的根据。最高人民法院《关于民事诉讼证据的若干规定》第50条规定:"质证时,当事人应当围绕证据的真实性、关联性、合法性,针对证据证明力有无以及证明力大小进行质疑、说明与辩驳。"因此电子证据亦必须经过关联性、合法性与真实性这三个方面的检验。

1. 电子证据关联性认定

证据的关联性,是指证据必须与需要证明的案件事实或其他争议事实具有一定的联系。一般是指"证据必须与案件事实有实质性联系并对案件事实有证明作用"。也就是说,侦查人员在审查电子证据时应查明电子证据反映的事件和行为同案件事实有无联系,只有与案件相关事实具有实际上或逻辑上联系的电子证据才能作为定案的证据。如果待证事实与案件之间缺乏关联性,证据就不能成为真正意义上的证据。关联性反映了证据事实材料和案件事实之间所存在的一定程度的联系,这种联系是客观的。对关联性的界定,没有立法上的量化标准,只有在司法实践中形成的相对宽泛,较为模糊的一个认知标准。这个标准的界定点便是人们的"经验法则、生活常识、直观判断、逻辑推理"等等。因此,是否有关联以及多大程度上的关联,属于侦查、检察和审判人员内心确认的自由裁量标准。

2. 电子证据合法性认定

所谓合法性,是指证据的主体、形式及收集程序或提取方法必须符合法律的有关规定。

审查判断电子证据合法性是计算机信息获得证据资格的关键。并非所有与案件联系的客观真实的计算机信息证据都可以作为证据,它必须通过法定程序纳入诉讼才具有证据资格。认定证据的合法性,主要从两方面来考察:一是收集主体是否合法;二是收集过程是否合法。收集主体是否合法不仅要考虑是否以合法的身份收集,还要考虑审查制作、收集和提取证据人员的计算机操作水平。收集过程是否合法,一方面要审查司法机关在收集和提取证据的过程中是否遵守有关法律的规定;另一方面也要审查电子证据是以秘密方式还是以公开方式收集和提取的,以秘密方式提取的证据是否获得了合法授权。违反法定程序收集的证据,其虚假的可能性比合法收集的证据要大得多。因此,在审查判断电子证据时,要了解证据是以什么方法、在什么情况下取得的,是否违背了法定的程序和要求,这样有利于判明证据的真伪程度。

3. 电子证据真实性认定

所谓真实性,即形式上真实性的简称,是指用于证明案件真实的证据必须至少在形式上或表面上是真实的,完全虚假或者伪造的证据不得被采纳。具体来说,主要包括:

(1) 电子证据的内容是否真实。

刑事证据的内容就是指能够证实案件情况的客观事实。它是相对证据形式而言的,刑事证据是证据内容与证据形式的统一体,但其证明力源于证据内容而非证据形式。因此,判断一份电子证据是否具有证明力,就包括认真审查电子证据的内容是否真实、有无剪裁、拼凑、伪造、篡改等,对于自相矛盾、内容前后不一致或不符合情理的电子证据,应谨慎对待,不可轻信。

(2) 电子证据的来源、形成的时间、地点、制作过程及设备情况，有无伪造和删改的可能等。

一般来说，由第三方（如中间商或网络服务商）来储存记录或转存的电子证据具有中立性，在诉讼中的证据效力高于来源于当事人双方的举证。有关事实和行为发生时留下电子证据的效力较以后专为诉讼的目的而形成的电子证据更为真实。对于自相矛盾、内容前后不一致或不符合情理的电子证据，应谨慎对待，不可轻信。对不能排除合理怀疑的电子证据，不得采信。在审判实际中，对电子证据所基于的平台、应用软件、传输技术等特征要给予特别关注，这些特征将对电子证据的认定产生直接的决定性作用。因此，法律界应跟踪技术的最新发展，不断调整相应对策。

（二）电子证据的证明力认定

在电子证据的可采纳性问题解决后，随之而来的问题就是电子证据的证明力问题，前者主要指电子证据能否作为证据，是一个法律问题；后者主要指电子证据与其他形式的证据相比较时所体现出的证明力的大小问题，有时则指证据本身的说服力，或者说分量，这不仅是一个法律问题，也是一个事实与逻辑问题。虽然我国诉讼法和证据学理论承认计算机产生和存储的信息可以独立发挥证明案件事实的作用，但证据仅有证据能力是不够的，因为证据能力只证明该证据有作为证据的资格，至于该证据能否证明案情，能在多大程度上证明案情，则取决于证据的证明力。证据的证明力是指证据对查明案件事实的证明作用。证明力是指证据对查明案件事实所具有的效力。根据我国的证据理论，证据的证明力取决于证据同案件事实的客观内在联系，及其联系的紧密程度。一般来说，直接来源于案件事实、与案件事实存在着直接的内在联系的证据，其证明力较大；反之，其证明力就较小。认定电子证据最主要的工作包括对电子证据可靠性的认定以及电子证据完整性的认定。

1. 电子证据的可靠性认定

可靠性是衡量电子证据真实程度的一项重要指标。它反映了电子证据可能处于一种"亦黑亦白"的灰色状态,而不是将其按照"非真即假"的逻辑进行简单处理,因此它吻合"法律真实"的现代证据法价值取向。法官在对电子证据进行可靠性认定的时候,必须认定证据本身的真实程度以及该证据所证明的事实的真实程度。电子证据的证明力与其可靠性或真实程度密不可分,可靠性认定的目的就是为了判断证明力的大小。

2. 电子证据完整性认定

完整性是考察电子证据证明力的一个特殊指标,传统证据是没有这一标准的。它包含了两层意义:一是电子证据本身的完整性;二是电子证据所依赖的计算机系统的完整性。对电子证据完整性的认定主要是看该证据所载明的内容是否遭受了非必要的添加或删减。这种认定常常需要一个已知的电子证据原件样本,以便进行对比;或者需要当事人事先约定"完整性标准",以便进行校验。无论怎样,这些认定都是法官本人难以独自解决的问题,他必须求助于计算机专家,才能断定某一电子证据是否遭到了添加或删改,以及所改动的程度如何。否则,他只能转向对计算机系统完整性的认定。

三 电子证据的鉴定

电子证据鉴定在法律上又称电子数据鉴定,是指为了规范公安机关电子数据鉴定程序和鉴定人的工作,保证鉴定结论的客观性、关联性和合法性,依据《中华人民共和国刑事诉讼法》《中华人民共和国民事诉讼法》《中华人民共和国行政诉讼法》《公安机关办理刑事案件程序规定》《公安机关办理行政案件程序规定》的有关规定，公安机关电子数据鉴定机构的鉴定人按照技术规程，运用专业知识、仪器设备和技术方法，对受理委托鉴定的检材进行检查、验证、鉴别、判定，并出具检验鉴定结论的过程。公安机关电子数据鉴定机构受理鉴定的范围，应当是与查明或者证明案件、事件有关的电子数据，电子设备和相关的文字材料等。公安机关电子数据鉴定机构和鉴定人应当遵守法律、法规和行业标准的有关规定，遵循科学、客观、公正独立的原则，保证鉴定工作的科学性和严肃性。

（一）建立专业鉴定队伍

我国《刑事诉讼法》明文规定："为了查明案情，需要解决案件中某些专门性问题的时候，应当指派、聘请有专门知识的人进行鉴定。"公安部在《公安机关办理刑事案件程序规定》第八节第二百三十三条规定："为了查明案情，解决案件中某些专门性问题，应当指派、聘请有专门知识的人进行鉴定。"在第二百三十四条明确将电子数据鉴定划入鉴定范围，第二百三十五条第二款规定："刑事技术鉴定，由县级以上公安机关刑事技术部门或者其他专职人员负责进行。"第二百三十六条规定："需要聘请有专门知识的人进行鉴定的，应当经县级以上公安机关负责人批准后，制作《聘请书》。"因此，目前应加紧建立具有法律效力的计算机犯罪的专业技术鉴定队伍，方式有两种：一是明确公安计算机管理监察部门为法定鉴定机构；二是聘请知名专家、学者为鉴定员，特别是在公安计算机管理机构不健全的地区应抓紧采取后一种措施，以适应新《刑法》《刑事诉讼法》的需要。

公安部对全国公安机关电子数据鉴定机构实行鉴定资质许可管理制度。省级以上公安机关公共信息网络安全监察部门和有条件的地市级公安机关公共信息网络安全监察部门可以组织设立电子证据鉴定机构。省级以上公安机关和有条件的地市级公安机关公共信息网络安全监察部门需要组织设立电子证据鉴定机构的，应当经上级公安机关公共信息网络安全监察部门逐级审核后向公安部申请电子数据鉴定资质。公安部公共信息网络安全监察局在接到省级以上公安机关和有条件的地市级公安机关公共信息网络安全监察部门电子证据鉴定资质申请后，应当在一个月内对其资质条件进行审核，经审核合格后由公安部向其颁发《公安机关电子数据鉴定资质证书》。公安机关电子证据鉴定资质每三年审核一次。公安机关电子证据鉴定机构的资质标准和管理办法，由公安部统一制定。公安机关电子证据鉴定机构接受公安机关以外的司法机关、仲裁机构和其他组织或当事人的鉴定委托的，应当依照国家有关规定取得司法鉴定资质。

公安机关电子证据鉴定机构应当具备以下条件：有明确的业务范围；有在业务范围内开展电子证据鉴定所必需的硬件设备和基础设施；有与独立开展电子证据鉴定业务相适应的专业人员。上级公安机关电子证据鉴定机构负责对下级公安机关电子数据鉴定机构的业务工作进行监督、指导和复核。

公安部对电子证据鉴定人实行鉴定人资格管理制度。从事电子证据鉴定的人员，应当经地市级以上公安机关公共信息网络安全监察部门推荐，通过公安部组织的有关考试、考核，并取得公安部颁发的《公安机关电子数据鉴定人资格证书》。鉴定人持有《公安机关电子数据鉴定人资格证书》，并被公安机关电子证据鉴定机构聘任方可从事电子证据鉴定工作。公安机关电子证据鉴定人资格每三年审核一次。公安机关电子证据鉴定人资格标准和管理办法，由公安部统一制定。

（二）研制开发鉴定技术

计算机犯罪是技术性较强的犯罪，在认定犯罪的过程中必须使用先进的技术方式。比如：

（1）程序对照分析。程序对照分析即将当前系统运行的程序与备份程序进行比对，找出不同之处，分析改变后的程序与当前程序的功用。

（2）数据复原。数据复原即对被删除的数据和程序进行复原。数据复原在计算机取证中指的是对于不同程度上数据的破坏所进行的恢复，以及不可见区域数据的呈现。微机系统，大多采用 FAT、FAT32 或者 NTFS 三种文件系统。以 FAT 文件系统为例，数据文件写到基于该系统的磁盘上以后，会在目录入口和 FAT 表中记录相应信息。目录入口保留我们通常通过资源管理器等工具能看到的文件信息，如文件名称、大小、类型等，它还保留了该文件在 FAT 表（文件分配表）中相应记录项的地址。而 FAT 表记录了该文件在磁盘上所占用的各个实际扇区的位置。当我们从磁盘上删除一个文件（并从 Windows 提供的回收站中清除，下同）后，该文件在目录入口中的信息就被清除了，在 FAT 表中记录的该文件所占用的扇区也被标识为空闲，但其实这时保存在磁盘上的实际数据并未被真正清除。只有当其他文件写入，有可能使用该文件占用的扇区时（因为它们已被标识为空闲），该文件才会被真正覆盖掉。

（3）文件指纹特征分析。文件指纹特征即内存指纹和磁盘指纹，是随文件写入磁盘时产生的，内存指纹可以反映文件写入磁盘前内存的使用情况，磁盘指纹可以反映文件写入磁盘前存贮的信息。这些信息随文件产生而产生，像指纹一样可反映文件的一些属性，如创建文件的时间范围等，且可根据特定日期生成的文件指纹特征来推断特定日期中机器运行了哪些程序。

（4）对比搜索技术。在计算机茫茫的数据海洋里，要找到需要的信息并不是件易事，我们针对不同的需求采取了不同的技术来解决这些问题，如若知道某一信息的特性，根据此特征查找我们获得的数据,这样可降低普通查找的时间,于是对比技术应运而生。对比顾名思义是二者或二者以上之间事物的对比,例如,若计算机系统文件或应用程序文件遭到破坏,但又一时不清楚是哪部分被篡改,则可用被损坏的磁盘与另一个完好的与原来系统及应用软件都一样的系统磁盘进行比对,找出被篡改的部分。又如,若想证明某一计算机是否感染病毒,则可用该病毒的关键字进行比对查找,把该关键字作为种子,与系统内的文件进行比对,即可判断出是否感染了该病毒。

(5) 日志分析(log analysis)技术。日志为系统管理员了解引擎工作状态提供参考,可以分析引擎分时段负荷、系统时延、用户使用习惯、IP来源追踪、恶意访问提示等,这些为进行决策分析提供了依据。系统的日志数据能够提供一些有用的源地址信息,因此系统日志数据是重要的证据,包括系统审计数据、防火墙日志数据、来自监视器或入侵检测工具的数据等。这些日志一般都包括以下信息:访问开始和结束时间、被访问的端口、执行的任务名、修改许可权的尝试、被访问的文件等。日志分析技术的研究重点是构建常用操作系统、数据库和应用系统日志、安全组件(如防火墙、入侵检测系统等)的组成结构和知识库,形成通用的日志形式化描述方法,对日志非正常配置与篡改、删除等操作的判别,日志文件的完整性和一致性检查分析,网络和服务端口关联日志的搜索和描述,基于内容的日志过滤与提取技术,假冒IP、假冒账号等异常行为的识别(identification),特定对象的网络行为和实施的动作查证技术,以及日志信息的数据挖掘。2003年11月5日下午,某市公安局网监处接到该市广播电视大学报案称其校园网络遭到攻击,造成网络瘫痪三天,怀疑有人故意攻击该校网络,请求帮助破案。接报后,警方立即成立专案组并迅速赶到该市广播电视大学,在校方的配合下展开调查取证工作,经过实地取证和技术定位,首先把破坏源定位在学校局域网内部,且该校家属楼的雷某有重大作案嫌疑。通过对雷某家中的三台电脑进行勘查,发现其电脑中有利用黑客软件对学校网络进行攻击的日志记录,在大量证据面前,雷某对其攻击电大网络的行为供认不讳。经查,雷某利用黑客软件的管理功能对学校局域网内的其他上网用户进行管理,共使用黑客软件三天,限制管理和禁止了学校内 65 个 IP 共 445 次,致使学校的代理服务器设置与其电脑发生冲突,无法正常工作。在此案的破获过程中,侦查人员对系统路由器的日志文件进行了排查,确定具有嫌疑的 IP,并根据此 IP 确定相应的犯罪嫌疑人,将犯罪嫌疑人计算机内的日志文件作为其犯罪的有力证据。

(6) 数据挖掘(data mining)技术。数据挖掘就是从大量的、不完全的、有噪声的、模糊的、随机的数据中提取隐含在其中的、人们事先不知道的、但又是潜在有用的信息知识的过程。这些数据可以是结构化的,如关系数据库中的数据,也可以是半结构化的,如文本,图形,图像数据,甚至是分布在网络上的异构型数据。我们发现知识的方法可以是数学的,也可以是非数学的,可以是演绎的也可以是归纳的。发现的知识可以进行数据自身的维护。数据挖掘汲取了多年来数理统计技术和人工智能以及知识工程等领域的研究成果构建自己的理论体系,是一个交叉学科领域,可以集成数据库、人工智能、数理统计、可视化(visualization)、并行计算(parallel compute)技术。

(7) 数据复制技术。在计算机犯罪侦查取证中所涉及的数据复制指的是将所要调查的设备上的数据拷贝到另外一个或几个用于保存这些数据或将来要进行分析的设备上,从而保证源数据与目标数据中指定数据的一致性。在计算机犯罪侦查过程中,数据复制是非常重要的,因为我们对电子证据进行的分析不可以直接在被调查的设备上直接进行,倘若发生错误的操作,将导致原始电子证据的错误、丢失、篡改等,这些对电子数据的破坏将会影响我们以后的取证工作，以至于损坏了证据的完整性，从而很难在法庭上起到具有说服力的效果。为避免这一切后果的发生，我们需要对被调查设备上的数据进行数据的复制。

（8）数据签名和数字时间戳技术。在普通的证据鉴定中，证明所收集到的证物没有被修改过是一件非常困难的事情，也是很重要的事情。在电子证据取证过程中为了保全证据，通常使用数据签名和数字时间戳。时间戳和数字签名都可以很好地证明数据有效性的内容。数字签名用于验证传送对象的完整性以及传送者的身份，但是数字签名没有提供对数字签名时间的鉴证，因此还需要数字时间戳服务。这种服务通过对数字对象进行登记，来提供注册后特定事物存在于特定的日期和时间的证据。时间戳服务对收集和保存数字证据非常有用，它提供了无可争辩的公正性来证明数字证据在特定的日期和时间里是存在的，并且在从该时刻到出庭这段时间里没有被修改过。

（9）在对付非法侵入计算机信息系统的犯罪中还可使用"反攻击技术"获取证据，即进行必要的监视、跟踪和追查。以下是一个利用反攻击技术破案的例子：2003年8月12日，美国某州的警察局在调查一起杀人案件的时候已控制了犯罪嫌疑人的电脑，在犯罪嫌疑人向同伙炫耀时，他不知道侦查人员已经在他的电脑中安装了木马，对他的击键信息进行了监控，他每敲下键盘的信息都完完全全地把他自己的犯罪事实展现在了警察面前。反攻击技术的方法有：

①数据监控技术。黑客入侵网络时具有网络连接部分通信量迅速增加的特点，这是追踪黑客的线索。通过专用电脑来监视通信量的变化，发现值得怀疑的信息，查出黑客使用的电脑。对于数据监控技术，我们还可以利用对方系统的漏洞安装后门、木马等程序进行远程监控，也许有人会认为这些手段都是黑客用来攻击他人计算机或网络的手段，其实取证也可以应用这些技术，后

门、木马等作为计算机发展的产物，它是一种技术，技术没有好坏之分，只是运用这种技术的人，他们的目的决定了这种技术的性质。

②数据欺骗技术。进行数据欺骗所采取的手段主要有陷阱和伪装等。其方法主要是构造一个虚拟的系统、服务或环境以诱骗攻击者对其发起进攻，在攻击者不知情的情况下，取证系统就潜伏在这里记录下攻击者完整的攻击流程、路径等对取证极为有利的信息。蜜罐和蜜网都是广泛被使用的陷阱工具。二者是基于主动防御理论基础上提出的，在实际应用和研究领域都有很高的价值。蜜罐好比是情报收集系统，是网络专家经过精心伪装的诱骗系统，这些系统中充满了入侵者看起来很有用的数据和信息，但实际上这些都是诱饵，目的是引诱黑客前来攻击。所以当攻击者入侵系统后，所有的操作和行为都会被记录和监视，蜜罐管理人员就可以知道攻击者的攻击目标、手段，并随时了解针对服务器发动的最新的攻击和漏洞，还可以通过窃听黑客之间的联系，收集黑客所用的各种工具，并且掌握他们的社交网络。蜜罐使得取证工作更加容易，因为它大大减少了所要分析的数据。蜜网是蜜罐技术的高级形式，它是在一台或多台蜜罐主机的基础上，结合防火墙、路由器、入侵检测系统等设备结合而成的网络系统。蜜网可以合理记录下攻击者的行动，同时尽量减小或排除互联网上对其他系统造成的风险。建立密网的目的为了在有攻击发生时，我们采取有效的防范措施保护网络，同时启动取证侦查系统，获取攻击犯罪证据，使受到的损失降到最低，犯罪分子得到相应的制裁。

③扫描技术。扫描技术可分为主机扫描和网络扫描，主机扫描的主要目的是获取系统类型信息，根据操作系统的类型调用相应的内部信息，主机基本配置扫描，主要通过相关配置文件或注册表信息获取软硬件的安装及配置信息。主机漏洞扫描，主要负

责检查基于主机的漏洞信息。主机文件搜索及信息提取，通过全机检索的方式，收集系统中的文档文件、log 文件、各种临时文件、E-mail、聊天记录文件、网站访问记录文件等。网络扫描技术结合了网络漏洞扫描技术和网络拓扑结构扫描技术，网络漏洞扫描技术是从系统外部对系统的脆弱性进行安全评估的技术，网络拓扑结构扫描技术是对主机所在的网络结构进行探测的技术。利用该技术可获取主机的操作系统类型、版本信息，网络漏洞信息，主机开放端口服务信息，主机用户信息，网络周边设备类型信息以及网络拓扑结构信息等。

④数据截取技术。数据截取技术是指犯罪者在进行计算机犯罪的同时，我们利用某些技术把对方的犯罪证据进行截获，对截获的数据证据进行分析或出示法庭，以对犯罪者的犯罪行为进行审定。这种技术往往运用于网络传输中，我们可用抓包工具等相关的软件或命令进行数据的截获。对网络流动数据的获取方法主要是通过网络嗅探（sniff）方式进行，侦查人员可以选择较为通用的嗅探器（sniffer），如 Windows 平台上的 sniffer 工具、netxray 和 snifferpro 软件等，Linux 平台下的 TCP Dump 可以根据使用者的定义对网络上的数据包进行截获并进行分析。另外，从数据的传输角度考虑，可分为有线传输和无线传输，还有一种数据截取技术可通过传输介质进行截获。在有线传输介质，如在同轴电缆、双绞线、光缆上进行搭线窃听，对其电磁辐射进行数据的截获等。无线传输如卫星通道、微波通道主要的截获手段就是电磁波截获，对截获的证据进行分析，以便为我们取证侦查所用。但这里也涉及一些道德规范，我们所截获的数据只能为办案所用，不可为其他目的所用。所以制定和建立相关的法律和规章制度以指导取证人员的工作和行为是非常必要的。

⑤攻击源追踪技术。攻击源的确定，是每一个侦查人员期待的事情，但对确定攻击源的分析并不是容易的一件事。攻击源追

踪就是当攻击正在进行或已经结束后，根据现有的所能获得的信息来确定攻击者的位置。尽管攻击者会使用各种方法来隐藏自己，例如伪造报文的 IP 地址、利用提供代理服务或存在安全漏洞的内部主机作为跳板，但每个数据包仍然要经过从攻击方到受害者之间的路由器进行转发，找到并记录下这些路由器便可以恢复出攻击路径。但是到目前为止，针对攻击源追踪的问题，还没有完全可靠的方法，只能构造出所有可疑的攻击路径，需要再结合其他技术找到真正的攻击源。

（三）电子证据鉴定程序、种类及规范

1. 电子证据鉴定程序

根据《电子证据鉴定规则》规定，电子数据鉴定应当由两名以上鉴定人员参加。电子数据鉴定机构应当在十四个工作日内完成检验鉴定，出具鉴定文书；法律法规另有规定或者情况特殊的，经物证鉴定机构负责人批准可以适当延长时间，但应当及时向鉴定委托单位说明原因。公安机关电子数据鉴定机构应当采取技术措施保证分析过程中对原始存储媒介和电子设备中的数据不做修改。如因特殊原因，分析过程可能修改原始存储媒介和电子设备中的数据，公安机关电子数据鉴定机构应当制作《原始证物使用记录》，准确、真实地记录以下内容：证物名称、编号；使用起止时间；使用的原因和目的；实施的操作；操作的时间以及操作可能对原始数据造成的影响。电子数据鉴定机构在检验鉴定中发现有下列情形之一的，可以中止鉴定：出现自身无法解决的技术难题；必须补充的鉴定资料无法补充的；鉴定委托单位要求中止鉴定的；因不可抗力致使鉴定无法继续进行的。中止鉴定原因一旦消除，电子数据鉴定机构应当继续进行鉴定，确实无法鉴定的，电子数据鉴定机构应当将有关鉴定资料及时退还鉴定委托单位，并说明理由。鉴定结束后，公安机关电子数据鉴定机构应将鉴定报告连同送检物品一并退还送检单位。有研究价值，需要留做资料的，应征得送检单位同意，并商定留用的时限和应当承担的保管、销毁责任。

2. 电子证据鉴定种类

电子证据鉴定分为首次鉴定、补充鉴定、重新鉴定。为查明、证明案件或者事件的事实状态和解决专门问题，凡符合"委托鉴定的存储媒介应当是复制原始存储媒介得到的备份存储媒介"这条规定的，可以提出首次鉴定的申请。

案件或者事件当事人、本案侦查人员发现下列情形之一，可以提出补充鉴定的申请：鉴定内容有明显遗漏的；发现新的有鉴定意义的证据的；鉴定结论不完善可能导致案件或者事件不公正处理的；对已鉴定电子数据有新的鉴定要求的。补充鉴定应当由地市级以上公安机关公共信息网络安全监察部门负责人批准后进行。补充鉴定可以由原鉴定人或者其他鉴定人实行。

案件或者事件当事人、本案侦查人员发现下列情形之一，可以提出重新鉴定的申请：电子数据鉴定机构、鉴定人不具备鉴定资质、资格的；鉴定人依法应当回避而未回避的；在鉴定过程中对送检的电子数据进行修改，并可能影响鉴定结论客观、公正的；鉴定结论与事实不符或者同其他证据有明显矛盾的；鉴定结论不准确的。重新鉴定应当由地市级以上公安机关公共信息网络安全监察部门负责人批准后进行。需要进行重新鉴定的，电子数据鉴定机构应当另行指派或者聘请鉴定人员。

3. 电子证据鉴定规范

（1）鉴定人员的回避。

鉴定人遇有下列情形之一的，应当自行回避，当事人及其法定代理人也有权要求鉴定人回避：是本案当事人或者当事人的近亲属的；本人或者其近亲属和本案有利害关系的；担任过本案证人、辩护人、诉讼代理人的；被指派为本案侦查人员的；对本人出具的鉴定结论进行重新鉴定的；其他可能影响鉴定公正的。

（2）鉴定的委托。

鉴定委托单位送检时应当向电子数据鉴定机构提交下列材料：《电子数据鉴定委托书》；证明送检人身份的有效证件；委托鉴定的检材；鉴定人要求提供的与鉴定有关的其他材料。《电子数据鉴定委托书》应当包括下列内容：委托单位、送检人和委托时间；案件或者事件的简要情况；委托鉴定检材清单；送检检材的名称、数量、特征描述，该检材的来源、封存固定记录等其他说明信息；鉴定目的和要求。提出复核鉴定或者重新鉴定的，应当附带原鉴定书。

（3）鉴定的受理。

公安机关电子数据鉴定机构可以受理公安机关、人民法院、人民检察院、司法行政机关、国家安全机关、其他行政执法机关、军队保卫部门、纪检监察部门，以及仲裁机构委托的电子数据鉴定。必要时，经公安机关电子数据鉴定机构主要负责人批准，可以受理律师事务所委托的电子数据鉴定。

（作者：青平）

电子证据的发展历程及应用思考

随着计算机应用的普及和网络技术的发展，作为一种新兴刑事犯罪形式，计算机犯罪已经呈现出迅速蔓延的趋势，该类犯罪的很多证据都以数字形式通过计算机或网络存储和传输，从而出现了电子证据（Electronic Evidences）。电子证据是指以储存的电子化信息资料来证明案件真实情况的电子物品或者电子记录。特别是在电子技术飞速发展的今天，电子证据出现的频率越来越高，范围越来越广。作为调整社会、政治秩序的工具，法律也逐渐接受和使用了电子证据这一新型证据。有学者甚至提出，电子证据是信息世界的"证据之王"。2012年3月14日，全国人民代表大会第五次会议通过《刑事诉讼法》修正决定，将电子数据规定为一种独立的证据形式。这条规定最终确立了电子证据作为一种独立的证据形式并列于其他证据形式的法律地位。

一 他山之石：国外有关电子证据的立法情况

电子证据是人类社会科学技术发展到一定水平的产物，是以电子计算机技术的发展为前提条件的。没有电子技术、没有计算机技术，就不会有电子证据。"电子证据"这一词汇在何时首次被使用，现已无从考证，但在20世纪50年代之前从未有人使用过这类词汇。"电子证据"及其相似词汇是在20世纪50年代以后，伴随着计算机、互联网的相继发明和应用才出现的。所以，在计算机和网络比较发达的国家，有关电子证据的立法也相应完善和规范。

（一）主要的国际立法

一是联合国的《电子商务示范法》。联合国涉及电子证据内容的规范性文件最具影响力的当属1996年6月联合国国际贸易法委员会通过的《电子商务示范法》。其制定的目的在于向各国提供电子商务立法的原则和框架，尤其是对以数据电文为基础的电子合同的订立及其效力等做出了开创性规范。该示范法规定了数据电文的定义、数据电文的证据能力等，主要是解决电子合同、电子提单等效力问题，对各国合同法影响较大。

二是欧盟的《网络犯罪公约》。《网络犯罪公约》（Cyber Crime Convention）是2001年11月由欧洲理事会的26个欧盟成员国以及美国、加拿大、日本和南非等30个国家共同签署的国际公约，自此，《网络犯罪公约》成为全世界第一部针对网络犯罪行为制定的国际公约。其制定的目标之一是期望国家间对网络犯罪的立法有共同一致的参考标的，也希望国家间在进行网络犯罪侦查时有一个国际公约予以支持，得以有效地进行国际合作。《网络犯罪公约》除序言外，正文分为四章，共计48个条文，规定了电子证据的相关术语、电子证据调查的程序规定、国际合作等内容。《网络犯罪公约》对促进打击网络犯罪的国际司法合作具有重要作用，同时对世界多数国家的相应立法产生了重要影响。

（二）主要国家的国内立法

一是英美法系的立法。美国是信息技术最发达的国家，也是遭遇电子证据问题最早的国家之一。美国很早就通过判例法和成文法的形式，对电子证据运用的各类难题予以回应。1970年美国颁布《金融秘密权利法》，对金融业计算机存储数据的保护作了规定；1984年美国通过《伪造存取手段以及计算机诈骗与滥用法》，并修改了美国《刑法》的相关内容；1986年美国相继通过了《计算机诈骗与滥用法》和《国家信息基础保护法》，明确了对网络犯罪的处罚；1995年美国犹他州通过了世界上第一部数字签名法典——《犹他州数字签名法》，推动了世界电子商务立法的发展；1999年美国通过《统一电子交易法》和《全球与全国商务电子签章法》；2004年美国修订了《联邦证据规则》。美国的电子证据立法极富时代色彩，由于美国法官在一定条件下可以"造法"，因此，他们往往在现有法律规定允许的范围内进行详细解释，所以传统的立法也是电子证据生存所依赖的基础。英国没有独立的电子证据法，有关电子证据的规定主要散见于《1995年民事证据法》和《1984年警察与刑事证据法》，以及后来的《1999年青少年审判与刑事证据法》中，这些规定明确了电子证据的形式和地位。但是，如何鉴证电子证据的真实性，该法没有明确规定，而是留给法庭视情况而定。

二是大陆法系的立法。作为大陆法系的代表之一，法国没有专门的证据法典，其有关证据制度主要由《刑事诉讼法典》《民法典》《商法典》《民事诉讼法典》以及《行政司法典》等予以规定。作为大陆法系的另外一个代表，德国也没有专门的证据法典，其证据制度主要渊源有《刑事诉讼法》《刑法典》《民法典》《联邦公务员法》《德国法官法》等法律。出现这种状况的主要原因是证据法不但表现为分散的规范或判例，而且没有自己特殊的范围、原则、方法和体系，还没有成为一个独立的法域或者法律部门。

由此可见，英美法系国家的证据规则比较纷繁复杂，注重对电子证据可采性规则的构建；大陆法系国家的证据规则比较单一，规定散见于国家其他法律文件中，主要是有关电子证据收集方面的规定，对电子证据的采信主要依靠法官的自由裁量；而国际组织对电子证据的立法主要是宏观的、原则性的。随着信息技术发展日新月异，电子证据形式也将丰富多彩，两大法系国家和国际组织也要随着其发展变化做出调整，但它们目前已制定的这些法律、规则对世界其他国家的立法仍然起到了巨大的推动作用。

二　争鸣探索：我国关于电子证据认识的演变过程

电子证据本身既是技术进步的产物，又是司法实践在科技时代不断丰富的标志。这种双重属性一方面可以吸引比传统证据研究更多的专家学者，但另一方面由于其在技术上不同于传统证据的特点，又从某程度上阻碍了诉讼法学界对其研究的深入，因此，我国对其认识经过了相对漫长的过程。

（一）我国对电子证据的认识过程

我国法学界对电子证据的认识是伴随着国家信息化的发展、计算机及网络的普及应用而不断前进的。具体来说，大致可分为以下四个阶段。

一是定位模糊阶段（20世纪80年代之前）。我国电子证据在司法实践中的应用情况，主要取决于相关信息技术在社会生活中的普及程度。一般来说，如果某种信息技术在社会生活中普及面广，而这种社会生活方式存在出现纠纷的可能性，司法实践中就会产生使用该信息技术带来的电子证据的客观需要。例如，在1981年最高人民法院特别刑事法庭审判江青时，当庭播放了她在1967年7月18日诬陷刘少奇的讲话录音，致使其不得不承认

"听起来是我的声音",据此作为定案的依据之一。[①] 这是国内法庭首次正式使用录音资料作为证据的案件。此阶段人们对计算机和互联网知之甚少,日常生活中也接触不到,自然不会产生相关法律需求,学者们也鲜有研究此类证据问题的。因此,我国当时实施的1979年《刑事诉讼法》中并未赋予这类电子证据以法律地位。在这一时期,由于受当时的国内政治环境及国家信息化水平等因素影响,电子证据的法律地位在我国法学界尚处于一种定位模糊的状态。

二是电子证据即视听资料阶段(20世纪80年代至90年代末)。这一阶段,个人电脑尚未普及,电子计算机的使用仅仅局限于一些高校、研究所等科研及特定的国家机构,人们对电脑和互联网的了解也是若干年后的事情。此时,我国法学界对电子证据的认识尚处于初级阶段,但是基本上都一致认为,电子证据即视听资料。视听资料说是我国对电子证据的早期普遍认识,为很多学者及实务界人士所接受,视听资料说成为当时法学界的通说。该观点的理由是:电子证据如同视听资料都是显示为"可读形式"的,因而也是"可视"的;视听资料与电子证据在存在形式上有相似之处;存储的视听资料及电子证据均需借助一定的工具或以一定的手段转化为其他形式才能被人们直接感知;两者的正本与副本均没有区别;两者都易删改、易复制,等等。[②]

三是百家争鸣阶段(20世纪90年代末至2009年)。这也是争论最激烈的时期。随着个人电脑的普及,国家信息化建设不断发展,计算机和互联网已开始从少数科学家手中走向广大群众。

---

① 参见孟建国等2002年编著的《视听资料检验》,中国人民公安大学出版社出版;也有人认为,国内诉讼实践中最早使用录音录像手段的是1974年1月15日北京市有关机关侦破苏联外交官马尔琴克等与派遣特务李洪枢秘密接头交换情报的犯罪案件。

② 常怡、王健:《论电子证据的独立性》,《法学》2004年3月。

1998年至1999年，我国网民开始呈现几何级数增长，上网从前卫变成了一种真正的需求。

这个时期，我国法学界曾经围绕三个问题展开过长时间争论：即是否应当确认视听资料（电子证据）的独立证据地位；应当如何对视听资料（电子证据）进行准确命名；视听资料（电子证据）具体包括哪些表现形式。从争论过程及结果来看，对于第一个问题，肯定的观点逐渐占了上风；对于第二个问题，学术界主要提出过视听资料、音像证据与计算机证据三种名称，前两种意见是主流，但1996年《刑事诉讼法》修订后仅择其一即视听资料为立法所用；对于第三个问题，虽然专家们的意见不尽相同，但大致都主张包括录音资料、录像资料、计算机存储资料和其他音像证据等。我国著名刑法专家高铭暄教授也持同样的观点，他在2001年全国人大常委会法制讲座第九讲《我国的刑法和刑事诉讼制度》的讲稿中指出："视听资料是指以录音、录像、电子计算机以及其他科技设备所储存的信息资料证明案件事实情况的一种证据。视听资料是借助于高科技设备作为信息载体的，这种信息载体能够准确地记录、储存和反映有关案件的各种情况，具有较强的客观性。同时，视听资料通过运用高科技手段，能够再现与案件有关的各种声音和图像，信息含量大，能给人以全方位的直观感觉，这一点是其他证据所无法比拟的。"

这一阶段，法学界对电子证据的法律定位先后提出了多种观点，除了视听资料说之外，最常见的另外五个观点是书证说、物证说、鉴定意见说、混合证据说以及独立证据说。其中主张较多的是视听资料说、书证说和独立证据说。此后又有学者提出我国所有传统证据均存在着电子形式，可根据我国现行法律制度中对证据种类的划分，将电子证据相应地分为电子物证、电子书证、电子视听资料、电子证人证言、电子当事人陈述、电子证据的鉴定结论以及电子勘验检查笔录七种。这些观点均是从我国的现行法律出发，建立在我国的证据法"七分法"的基础上，各自有一定的理论支持，但都只是对电子证据的片面理解。这些争论直接影响到相关法律、法规的制定。

四是确定地位阶段（2009年至今）。2009年1月，中国3G牌照正式发放，这标志着我国正式进入3G时代。移动通信技术进步和终端硬件水平提升，加速了中国的移动互联网进程，使用手机上网的用户数量快速攀升。截至2012年12月底，我国网民规模达到5.64亿，手机网民规模为4.2亿，手机、计算机、互联网已经成为人们生活中不可分割的一部分，电子证据在认定网络犯罪中的作用也日益重要。

此时，法学界对电子证据的认识又有了新的进步，将电子证据作为独立证据看待的观点也越来越多。学者们纷纷提出，"电子文件的证据类型安排，既要符合电子文件自身的特征、适应现实技术环境和法律背景的需要，又能具备充分的开放性和前瞻性，能够为未来电子技术的发展和电子交易的需要留下足够的空间"[1]，"电子证据实际上因其自身独具的特点和在现实商事交易中所占的重要地位，已经有必要另立门户，不必'寄人篱下'，而作为独立的证据类型，确立起一套完整的操作规则，为电子商务关系的调整，建立一个完善的独立于传统书面体系的法律平台"[2]，"电子证据显然有其自身区别于其他证据的显著特征，它的外在表现形式亦是多媒体的，几乎涵盖了所有的传统证据类型，把它塞入哪一类传统证据都不合适。而所有电子证据均是以数据电讯为交易手段的，以商事的显示需要来说，完全有理由将其作为一种新类型证据来看待，确立起电子证据自身统一的收集、审查、判断规则，为电子商务关系的法律调整提供一个完整

---

[1] 于海生：《诉讼程序中的电子证据定位》，《求是》2004年1月。
[2] 张楚：《电子商务法初论》，中国政法大学出版社，2009年。

的法律平台"①。将电子证据独立出来并构建专门的运用规则,已经成为我国证据立法的一个必然趋势。

(二) 我国对电子证据的立法过程

1979年7月颁布的我国第一部诉讼法《刑事诉讼法》,并未将视听资料作为一种独立的证据,但是后来为了解决录音、录像等新型证据材料的归属性问题,在1982年《民事诉讼法(试行)》中首次规定了视听资料这一新的证据种类,并将录音、录像、计算机存储资料等划归其中。伴随着法学界对电子证据的认知进程,我国对电子证据的相关立法也是相应逐步前进的,具体回顾如下。

第一,关于电子证据定义的立法,以2005年为基准,分为前后两个阶段。第一阶段是2005年之前。关于电子证据的定义,当时在立法上并无直接规定,但在一些法律法规中对电子签名、数据电文、电子报文、数字签名、电子合同、电子文件等电子证据下位概念的含义均有所表述。在法律中,全国人大常委会2004年8月颁布的《电子签名法》第二条对"电子签名""数据电文"作了如下定义:"本法所称电子签名,是指数据电文中以电子形式所含、所附用于识别签名人身份并表明签名人认可其中内容的数据","本法所称数据电文,是指以电子、光学、磁或者类似手段生成、发送、接收或者储存的信息。"在地方法规中,上海市1999年颁布的《国际经贸电子数据交换管理规定》对"电子报文""电子签名"作了定义;海南省2001年的《数字证书认证管理试行办法》对"电子文件"和"数字签名"作了定义;广东省2003年的《电子交易条例》对"数字签名""电子记录""电子签名""数字签名""电子合同"作了定义。

---

① 游伟、夏元林:《计算机数据的证据价值》,《法学》2001年3月。

第二阶段是 2005 年之后。随着信息技术的不断发展，在相关部门及行业颁布的规定中，对电子证据相关概念进行了明确的定义。如，2005 年公安部发布的《公安机关电子数据鉴定规则》规定："本规则所称的电子数据，是指以数字化形式存储、处理、传输的数据。"2009 年最高人民检察院的《人民检察院电子证据鉴定程序规则（试行）》规定："电子证据是指由电子信息技术应用而出现的各种能够证明案件真实情况的材料及其派生物。"

第二，关于电子证据定位的立法。我国法学界对电子证据法律定位主张者较多的是"视听资料说""书证说"和"独立证据说"三大观点，在法律法规上也能够找到对应条款。

一是"视听资料说"相关立法。在法律中，1982 年《民事诉讼法（试行）》首次以法律的形式肯定了视听资料的名称和地位，1989 年《行政诉讼法》、1991 年《民事诉讼法》、1996 年修订的《刑事诉讼法》都相继接受了视听资料独立证据的地位，将其确定为一种诉讼证据。在司法解释中，1996 年最高人民检察院颁行的《关于检察机关侦查工作贯彻刑诉法若干问题的意见》中，专门对视听资料做过界定："视听资料是指以图像和声音形式证明案件真实情况的证据。包括与案件事实、犯罪嫌疑人实施反侦查行为有关的录音、录像、照片、胶片、声卡、视盘、电子计算机内存信息资料等。"

二是"书证说"相关立法。在法律中，有 1999 年《合同法》规定"书面形式是指合同书、信件及数据电文（包括电报、电传、传真、电子数据交换和电子邮件）等可以有形地表现所载内容的形式"，据此可以推断出电子数据系书证的一种。2004 年《电子签名法》第三条规定"民事活动中的合同或者其他文件、单证等文书，当事人可以约定使用或者不使用电子签名、数据电文"，可见在该法中仍将电子数据视为书证。在部门规章方面，1997 年交通部发布实施的《海上国际集装箱运输电子数据交换管理办法》规定"符合规范要求的电子报文具有与书面单证同等的效力",该规定赋予了电子报文以书证的效力,但是只适用于"海上国际集装箱运输"过程中。

三是"独立证据说"相关立法。主要有:2012年3月14日的《刑事诉讼法》修改决定,第四十八条规定:"可以用于证明案件事实的材料,都是证据。证据包括:物证;书证;证人证言;被害人陈述;犯罪嫌疑人、被告人供述和辩解;鉴定意见;勘验、检查、辨认、侦查实验等笔录;视听资料、电子数据。"这条规定最终肯定了电子证据独立于其他证据形式的正式法律地位。2012年8月31日的《民事诉讼法》修改决定,在第六十三条增加了"电子数据"的法定证据种类:"证据包括当事人的陈述;书证;物证;视听资料;电子数据;证人证言;鉴定意见;勘验笔录",该规定将电子证据单独列为第五项,排在视听资料之后。

此外,应当注意的是早在2003年《中华人民共和国民事证据法》(专家建议稿第四稿)中,第四条就规定证据包括电子证据,[①]但是直到2012年才被立法部门采用。还有2008年江苏省高级人民法院、江苏省人民检察院、江苏省公安厅、江苏省司法厅共同颁布实施的《关于刑事案件证据若干问题的意见》(苏高法〔2008〕101号)规定了"证据有以下几种:物证、书证;证人证言;被害人陈述;犯罪嫌疑人、被告人供述和辩解;鉴定结论;勘验、检查笔录;视听资料;电子数据",该规定将电子证据单列为传统七大证据之外的第八类证据。这也是一次有益的尝试。

第三,对待电子证据的非歧视原则的立法。相比传统证据,电子证据确实存在一些特殊之处,但这绝不意味着法律应当给予

---

① 《民事证据法》研讨会参阅资料,2003年1月18~20日,广州。

电子证据以差别性待遇。对此我国立法者明确表明了立法态度。1995年的《合同法》首次明确开创了非歧视原则的先河，并规定"书面形式是指合同书、信件和数据电文（包括电报、电传、传真、电子数据交换和电子邮件）等可以有形地表现所载内容的形式"，由此可见，此条已将各种数据电文形式与传统的合同书、信件形式等位看待。2004年的《电子签名法》规定"民事活动中的合同或者其他文件、单证等文书，当事人可以约定使用或者不使用电子签名、数据电文"，"数据电文不得仅因为是以电子、光学、磁或者类似手段生成、发送、接收或者储存的而被拒绝作为证据使用"。这说明，数据电文或者使用数据电文、电子签名的文书作为证据使用时，适用与传统证据完全一致的标准。

第四，关于电子证据可采性认定的立法。

一是秘密获取的电子证据需转化的原则。1996年最高人民检察院《关于检察机关侦查工作贯彻刑诉法若干问题的意见》规定"检察人员或检察人员指派的其他人员采取秘密方式获取的视听资料，不能直接作为证据提交法庭，需要提交法庭的，检察人员可以通过讯问或其他方式将其转化为能够公开使用的证据。秘密获取视听资料证据的，获取人应将获取该视听资料证据的时间、地点、经过，获取人的姓名等制作成笔录附卷"，即在刑事诉讼中秘密获取的电子证据需要转化后才可被采纳。

二是电子证据复制件的可采性规定。分别于2002年4月和10月实施的最高人民法院《关于民事诉讼证据的若干规定》和《关于行政诉讼证据若干问题的规定》都分别规定：应要求被调查人提供有关资料的原始载体。提供原始载体确有困难的，可以提供复制件。

三是审查电子证据的相关规定。2010年，由最高人民法院、最高人民检察院、公安部、国家安全部、司法部共同颁布的《关于办理死刑案件审查判断证据若干问题的规定》对于如何审查电子证据作了专门详细的规定:"对于电子邮件、电子数据交换、网上聊天记录、网络博客、手机短信、电子签名、域名等电子证据,应当主要审查以下内容:该电子证据存储磁盘、存储光盘等可移动存储介质是否与打印件一并提交;是否载明该电子证据形成的时间、地点、对象、制作人、制作过程及设备情况等;制作、储存、传递、获得、收集、出示等程序和环节是否合法,取证人、制作人、持有人、见证人等是否签名或者盖章;内容是否真实,有无剪裁、拼凑、篡改、添加等伪造、变造情形;该电子证据与案件事实有无关联性。对电子证据有疑问的,应当进行鉴定。对电子证据,应当结合案件其他证据,审查其真实性和关联性。"这是迄今为止最详细的关于电子证据审查的法律规定。同年,最高人民法院、最高人民检察院、公安部共同颁布的《关于办理网络赌博犯罪案件适用法律若干问题的意见》中也对电子证据的收集与审查做出了明确规定。

四是电子证据合法性标准的相关规定。2005年3月,公安部颁布的《公安机关电子数据鉴定规则》规定:"鉴定委托单位不得暗示或者强迫鉴定人做出某种鉴定结论;应当保证其向电子数据鉴定机构提交的检材来源清楚、真实可靠、提取合法";同年12月,公安部颁布的《计算机犯罪现场勘验与电子证据检查规则》规定"计算机犯罪现场勘验与电子证据检查,应当严格遵守国家法律、法规的有关规定。不受其他任何单位、个人的干涉","固定和封存电子证据的目的是保护电子证据的完整性、真实性和原始性"。

五是电子证据鉴定范围的相关规定。2009年4月,最高人民检察院颁布的《人民检察院电子证据鉴定程序规则(试行)》规定:"电子证据鉴定范围包括:电子证据数据内容一致性的认定;对各类存储介质或设备存储数据内容的认定;对各类存储介质或设备已删除数据内容的认定;加密文件数据内容的认定;计算机程序功能或系统状况的认定；电子证据的真伪及形成过程的认定；根据诉讼需要进行的关于电子证据的其他认定。"

第五，关于电子证据证明力认定的立法。最高人民法院《关于行政诉讼证据若干问题的规定》第六十四条规定"以有形载体固定或者显示的电子数据交换、电子邮件以及其他数据资料，其制作情况和真实性经对方当事人确认，或者以公证等其他有效方式予以证明的，与原件具有同等的证明效力"，这提出了解决电子证据证明力的认定规则。

此外，北京市高级人民法院《关于办理各类案件有关证据问题的规定》第五条规定："用有形载体固定或者表现的电子数据交换、电子邮件、电子数据等电脑贮存资料的复制件，其制作应经公证或者经对方当事人确认后，才具有与原件同等的证明力。"

三 艰难困惑：电子证据实践的发展过程

计算机犯罪电子证据在办案实践中的运用主要体现在两个方面：一是证明电子证据在某些计算机犯罪时必须具备，不可替代；二是在证明某些犯罪过程中，电子证据与其他证据互相印证，加强指控。部分犯罪本身虽然与电子证据无关，但因电子产品的日益普及，使用数字化信息设备作为犯罪辅助行为的工具的案例也屡见不鲜，此时电子证据有助于警方发现线索，突破案件。收集证据是查明案件事实的基础和做出有效判断的关键所在，在实务中如收集不到确实充分的证据，其他工作都无从谈起。笔者专门考察了南京市公安局某分局办理计算机犯罪案件的发展变化历程，希望依此加强对电子证据的认识和立法。

（一）专职部门的建立和发展过程

从南京市公安局某分局日常办理的计算机犯罪案件来看，电子证据的发展过程是伴随了公安信息化建设和网络警察队伍发展过程的，大致可分为三个阶段。

一是认知有限阶段（2002年10月以前）。这一时期，南京市公安局尚未成立专门的网络警察队伍，基层分县局的计算机普及率很低，一般仅在派出所户籍窗口和治安部门旅馆管理上配备专门用于录入的电脑，大多数民警对计算机的认知就是用电脑打打字、上上网。因此，民警对计算机犯罪的认知仅停留在《刑法》中的相关条款这一书面形式上，对电子证据的认识最多也就停留在视听资料（即录音、录像、监控视频等）这一层面上。

二是初步了解阶段（2002年10月至2010年4月）。2002年10月，为适应互联网技术的发展和信息网络安全监察工作的需要，南京市公安局成立了信息网络安全监察处（2006年底增挂网络警察支队牌子）。起初，由受过相关培训的侦查员兼职承担电子数据勘验工作，后来伴随着互联网的高速发展，各类计算机犯罪案件日益增多，对电子数据勘验工作提出了更高的要求，为提高网上斗争的技术水平和能力，加强电子数据勘查、检验、鉴定技术的研究和应用，2007年2月，南京市公安网络警察支队建成电子数据检验鉴定中心并投入使用，该中心负责承担全市涉案电子设备勘验工作。

同时，伴随着科技强警战略和"金盾工程"的加快实施，以2004年7月警务信息综合平台在南京市公安局某分局的试点应用为契机，该单位大幅度配备计算机等硬件设备，培养锻炼了一大批具备基本信息化知识与技能的干部和民警队伍，先人一步实现了网上办公、网上办案、网上作战、网上管控、网上考核的警务模式，初步实现了"基础信息化、信息基础化、基础信息一体化"的预期目标，民警的信息化意识也随之不断提高。即便如此，由于当时只在市公安局层面成立网络警察队伍，基层一线办案民警对网络警察的认知仍十分有限，对于计算机犯罪案件的侦办方法，以及如何在计算机及相关犯罪案件现场提取、固定、保存电子证据等知识几乎一无所知。尤其是在办理一些普通刑事、治安案件时，当事后发现需要使用电子证据来证明某些犯罪过程或寻找案件突破点时，才会想到重新回去收集嫌疑人的相关电子设备（早期大多都是采用搬电脑主机的方式），送到市公安局电子数据检验鉴定中心进行检验。此时，涉案的电子设备中的与案件相关的重要数据很可能被涉案嫌疑人转移、消除、销毁；有时即使电子设备中的重要数据仍然存在，但是提取保存过程中的违规操作（未按规定进行拍照、封存等等），也对该证据的合法性带来不利影响。

这一阶段的电子数据存储介质大多为台式机或笔记本电脑硬盘，以及为数不多的U盘、MP4、移动硬盘和极少量带有存储功能的手机等（见表1）。

表1 南京市公安局某分局2007年至2009年涉网案件电子证据送检类型（不完全统计）

单位：件，%

	总数	电脑硬盘	U盘、MP4、移动硬盘	手机
送检电子介质类型数量	2320	2157	126	37
各类型所占百分比	100	93	5.4	1.6

三是广泛应用阶段（2010年4月至今）。2010年4月，因工作需要，公安分局成立网络警察大队。为加强基层一线办案民警对网络警察这一新警种的了解，大队成立后，加强了对基层一线的服务指导力度。首先，由大队民警定期深入公安分局各派出所及办案单位，结合日常侦办的案件，开展涉网案件办案技能和电子证据相关知识的培训。其次，定期对公安分局阶段性发案特点进行分析研判，寻找发现可供侦查工作的案件线索，主动联系办案单位配合侦查。最后是认真贯彻大要案件同步上案机制，确保

同步上案率达到100%。在办案实践中，由于侦查人员缺乏电子取证意识和技术人员取证滞后，往往会导致一些有价值的关键线索被遗漏，甚至导致电子证据的永久性灭失。大要案件同步上案措施的推行，确保了案发后技术人员第一时间到达现场，开展电子取证相关工作，避免有价值电子数据的流失和遗漏，同时进一步规范了取证流程。通过以上措施，公安分局基层一线办案民警的侦查意识不断提高，对网络警察的工作职责范围有了进一步了解，对电子数据的收集、保全、送检方法也有了一定认知。

在此基础上，为有效缓解市公安局电子数据检验鉴定中心的工作压力，大队通过内部挖潜措施，精心挑选胆大心细、具有一定专业知识储备的年轻同志参加中心的跟班学习培训，进一步掌握了电子数据勘验取证的专业知识，协助市公安局电子数据检验鉴定中心负责承担全公安分局涉案电子存储介质的勘验取证工作。大队成立以来，共勘验电子存储介质503台（件），为推进全公安分局侦查办案工作，提高办案民警的侦查意识和电子证据认知，起到了积极作用。

随着互联网和信息技术的发展，这一阶段的电子数据存储介质除了台式机及笔记本电脑硬盘以及U盘、MP4、移动硬盘外，也出现了一些智能手机、平板电脑等新型电子设备（见表2）。

表2 南京市公安局某分局2010年至2012年涉网案件电子证据送检类型（不完全统计）

单位：件,%

	总数	电脑硬盘	U盘、MP4、移动硬盘	智能手机、平板电脑
送检电子介质类型数量	503	423	34	46
各类型所占百分比	100	84.1	6.8	9.1

（二）工作中遇到的主要问题

一是法律和技术的"双重瓶颈"难以突破。在实际工作中，侦查人员面临最多的就是电子证据取证难问题。电子证据收集既是一个法律问题，也是一个技术问题。在司法实践中，之所以出现电子证据取证难的现象，主要有两个方面的原因：第一是法律法规不完善。从上文的分析看，我国关于电子证据收集的规定见于一些法律、司法解释、行政法规之中，这虽然在一定程度上解决了电子证据收集无法可依的状况，但总体看立法层次较低、规定极不完善、缺乏系统性而且不具有可操作性，导致侦查人员在实务操作中遇到很多问题却没有办法解决。第二是侦查人员的电子技术知识水平总体相对较低。电子证据本质上属于数字化的电磁形式的数据，其存放空间小，传输速度快，能被加密，复制简单迅速且不易被发现，依赖于特定技术和设备才能显示。这就有可能造成侦查人员不知道要收集的电子证据在哪，以什么形式存在，应如何收集。可见，掌握技术知识和技能对侦查人员有效搜查扣押电子证据越来越重要，也是现有的侦查人员最欠缺的技能，这在很大程度上影响了打击利用电子信息进行犯罪的侦查工作的开展。

二是与相关部门人员的沟通和协调难以取得成效。电子证据独有的特点，使其打破传统的侦查时空观念，许多电子证据的收集都需要相关部门、人员的配合，在实务中的沟通协调往往难见成效。在工作中，需要相关人员配合的情况主要有两种。第一是持有电子证据者。电子证据有可能在犯罪嫌疑人的手中，有可能在犯罪嫌疑人的关系人手中，也有可能在不知情的无辜他人手中，还有可能在几千公里外的远程计算机服务器中或服务商手中，这些证据的调取往往需要证据持有者的配合。第二是商业网站的计算机信息系统往往有独特的安全措施和工作环境，侦查人员亲自搜查、扣押和存储在其中的电子证据，往往需要花费大量时间去了解计算机信息系统工作特性。这不仅要求侦查人员有较强的专业知识，还大大延长了搜查扣押的时间，可能会严重影响被搜查单位的正常工作甚至导致设备严重损失，使司法机关承担不当执法的法律责任。这时就需要被搜查单位技术人员的合作和协助，提高搜查扣押效率，迅速发现、查获电子证据，将对第三方利益的侵害减少到最小。对于需相关人员配合的案件，在实际工作中，侦查人员往往是磨破了嘴、跑断了腿，履行了一大堆程序后，得到的却是"已过保存期""有关数据库已经更新""有关硬盘已损坏"等冠冕堂皇的推辞，由于法律对技术协助等制度规定不详，执法人员也就无法律支持，无计可施。

三是电子数据提取分析鉴定过程存在较多隐患。当前，侦查办案机关在电子证据分析方面普遍存在提取速度慢、介质转移分析麻烦、鉴定过程监督有漏洞等问题，给电子取证工作带来风险。首先，实践中针对原始介质电子数据的提取，主要依靠高速硬盘复制机来完成。尽管高速硬盘复制机的性能在不断提高，复制速度不断加快，但是仍然赶不上硬盘的发展速度。现在计算机存储介质的容量短时间内从 GB 级别跃升至 TB 级别。据统计，2005 年一般硬盘容量平均为 80～120GB，而到目前硬盘容量已平均为 1～2TB（1TB 等于 1024GB），短短几年硬盘容量已经增长了 10 至 20 倍。这无疑为取证调查工作增加了难度，原来只需花几十分钟就完成的数据提取工作，现在需要花数个小时甚至几十个小时，给电子数据司法鉴定工作带来了巨大的困扰。在实践中，甚至有个别鉴定单位或取证技术人员因鉴定条件有限，选择直接在原始介质上开展鉴定，给鉴定工作埋下隐患。其次，送电子证据检验鉴定的，大多都是基层一线办案单位，而基层由于经费、人员、技术等方面的限制，自身无法对电子证据进行有效的分析和鉴定，需要将电子证据移交到专门的电子证据鉴定中心进行分析。这个往返移交过程一方面导致了证据分析的时间延迟，另一方面也为电子证据的保存带来了严峻的安全隐患。而且，集中到电子证据鉴定中心的大量电子证据，需要逐一进行镜像分析，又需要很多的分析处理时间。这一过程往往会造成侦查办案时机的延误。最后，由于受到计算机网络技术和硬盘存储技术的限制，一个介质副本一般只能交由一个鉴定人员使用或者多个鉴定人员轮流使用。这就导致了一次鉴定只能由一人完成所有的工作，分析过程和分析结论很大程度上都依靠分析人员的个人技术经验和水平，造成鉴定工作的客观性大大降低；一人鉴定也会导致整个鉴定过程难以监督或无法监督，会影响鉴定结论的权威性；如果介质副本交由鉴定人员轮流使用，一旦出现数据破坏的情况，很难证明是在哪个环节出现的问题。

四是工作所用设备相对滞后。电子证据自身的特点要求电子证据收集、分析和鉴定必须要一定的设备来完成。从技术角度上讲，电子产品投放市场时就已经落伍了，这些动辄就几万、几十万元的取证设备，不是说换就能换的。"魔高一丈，道高一尺"，打击犯罪的难度就可想而知了。最具有代表性的就是手机取证工作。随着移动通信技术的发展和智能手机的广泛使用，手机的功能已经越来越接近计算机，手机网民也越来越多，与手机和手机网络相关的违法犯罪也呈上升趋势，手机取证在侦查破案中的重要性已日益明显。但在实践工作中，手机取证设备的发展尚不能满足纷繁复杂的实战需求。当前主流的手机取证设备主要致力于相关手机设备的数据获取，但这些手机大多为国外商业产品，从国外进口的设备必然存在一定的滞后性且功能相对单一，同时使用代价高且存在一定的安全隐患，不能很好地满足实战需要。例如：我们目前缺乏完全符合取证要求的镜像和分析工具，无法对手机内存和 SIM 卡的数据进行完全镜像备份；缺乏统一的取证软件或工具以满足对不同厂商、型号和系统的手机进行取证。据不完全统计,仅现有的手机型号就有八千至一万种以上,数据加密方式各不相同,因此很难找到一套万能的数据采集提取系统。另外,当前关于手机数据取证鉴定的相关技术标准、规范和鉴定工具的认可、认证尚未出台,这给法庭认证和取证人员的实际操作带来了困难。

四 借鉴创新:解决相关问题的建议

(一) 制定比较系统的有关电子证据的法律体系

计算机和网络技术的发展,逐渐改变了我们的社会生活方式,影响到我们每一个人;但技术被滥用的现实使人们利用新技术实现美好生活的愿望受到威胁,这不仅是技术与经济的问题,更是与制度、文化和道德等相关的社会问题。电子证据在法制层面来维护人类社会健康、有序地发展,其重要性日益突出。

从前文的分析可以看出,目前我国没有系统的电子证据法律法规,证据规则只体现在诉讼法及最高法院关于证据规则的司法解释中。其中,修改后的《刑事诉讼法》《民事诉讼法》《电子签名法》《人民检察院电子证据鉴定规则(试行)》以及相关地方法规列举和肯定了电子证据,但这些规定不但数量少、分布零散,而且关于电子证据的定义、证据能力、证明力、证明方法以及证据规则等相关问题的规定根本没有或者是有寥寥几笔。由于缺乏权威的立法性指导,各部门各地的立法性规范难免"各取所需",相互之间缺少沟通和协调,带来了操作规范上的混乱。电子证据立法上的缺失,同时也带来电子证据认定标准的混乱。这不但与实践需求脱节,且与外国有关电子证据的立法进程比较相差甚远。

完善电子证据的相关制度,不仅需要突破现有证据制度,更要在法律与技术的结合点上寻求平衡,还应当学习外国的立法技术,加强国家之间数字技术、立法技术的交流与合作。任何一个国家的证据问题都是多个层面的,因此证据法律制度应该是多部法律构成的统一体。因此,在当前电子证据已成为一种独立证据形式的大前提下,制定比较系统的、多层面法律法规相呼应的电子证据法律体系十分必要。考虑到我国的证据法理、证据法特点和发达国家的立法经验,笔者建议在电子证据概念、形式、提取、收集、协助、固定、封存、审查、检验、举证、质证、认证、鉴定以及可采性、证明力、标准化等诸多方面予以规定。

(二) 完善电子数据鉴定的行业规范

2005年2月28日,全国人大常委会通过了《关于司法鉴定管理问题的决定》,从国家基本法律层面对电子数据鉴定遵守技术标准的义务做了明确规定。在该决定中,我国从事电子数据鉴定工作的机构被划分为两类:一类是由公安、安全、检察和军队的侦查机关根据侦查规则的需要设立的鉴定机构;另一类是经司法行政机关核准成立的社会第三方电子数据鉴定机构。这两类机构在授权许可、相关法律的遵守、行政管理体制约束、服务对象划分等方面存在不同,但在基本法律的遵守、鉴定技术标准规范、仪器设备配置、鉴定结论的真实性和合法性保证等方面并无实质差异。在实际操作中,刑事犯罪电子证据鉴定应用过程中涉及的电子证据的收集与保全、鉴定等一系列环节,目前尚无立法对其进行规范,而这些环节的合法性又因电子证据本身的特殊性显得尤其重要。调查人员在多数情况下并不知道所获取的网络犯罪电子证据能否被法庭接受。公安部曾先后于2008年、2009年和2012年颁布了《电子数据存储介质复制工具要求及检测方法》等12个行业标准,其他相关部门和行业也出台了类似的规定进行规范。但由于在实践中缺乏完全统一的技术标准和操作规范,加上我国开展电子数据鉴定的机构越来越多,各个电子数据鉴定机构往往依据行业经验或自行制定的鉴定方法出具鉴定报告,使得鉴定结论的科学性、客观性、公正性受到了一定影响,最终直接影响了电子数据鉴定机构的公信力。因此,行业主管部门要加大行业监管力度,认真推行行业标准,强化行业自律,增强社会责任感。

(三) 开展电子证据技术工具研究和研发

在电子数据提取分析中,引入云计算平台,实现电子证据的远程鉴定分析和数据共享。通过云平台,可以在电子证据鉴定中心构建大规模高性能的电子证据分析鉴定平台,实现对电子证据的快速镜像和取证分析;同时构建海量电子证据管理平台,实现对大容量电子证据的存储、归档和快速查询检索。在此架构下,多名鉴定人员可以对同一介质共同开展鉴定工作,对争议结果进行探讨,确保整个鉴定过程的可监督性以及鉴定结果的客观性和权威性;基层办案单位只需要通过客户端接入电子证据分析鉴定平台,实现电子证据的远程分析鉴定,而无须往返移交设备或介质,这样既能缩短电子证据的鉴定时间,还可以减少电子证据运输移交过程中额外的安全风险。建议加大资金投入力度,加强对手机取证软硬件设备的研发,使得能够满足国内侦查办案实战需求的取证产品尽早开发并投入使用。

(四) 加强司法专业技术力量培训

办理涉及电子证据的案件,不但要求办案人员有扎实的法律专业知识,还要求办案人员有很高的电子类专业技术能力。目前这种复合型人才,在司法队伍中非常欠缺,我们的当务之急是吸收电子专业技术人才加入到司法人员队伍中,提高收集、鉴定和认定电子证据的能力。此外,由于电子技术不断进步,违法犯罪的手段不断翻新，作案工具的技术含量不断提高，司法人员就必须与时俱进，跟上电子技术发展的潮流，不断提高其收集、鉴定和认定电子证据的能力。因此，应当建立该类司法人员培训机制，不断更新他们的计算机、网络、电子商务、通信技术等专业知识，及时进行新技术的补充。除了技术培训外，还应当对司法人员进行法律方面的培训，提高他们分析证据、重建现场的能力。只有掌握电子技术的司法人员队伍不断壮大，素质不断提高，才能在工作中变被动为主动，提高打击该类违法犯罪的能力，为信息时代的发展保驾护航。此外，要提高与相关部门的沟通协作能力。电子证据一般都由网络、计算机软件开发、通信等中间服务商掌握，针对协调沟通难的问题，司法机关应放下架子，加强和相关部门的沟通联系，以取得网络、软件开发、通信等单位的配合。

(作者：蒋平，本文原载于《公安研究》2014年第5期)

后　记

　　本书收集的论文为研究小组长期以来的一系列研究成果，随着科技的发展和对计算机犯罪问题研究的深入，新的观点、新的方法不断出现，我们也将持续跟踪国内和国际相关领域的前沿动态。

　　参与本书编纂的研究小组成员包括高洁、栾润生、青平、孙银霞。

图书在版编目(CIP)数据

计算机犯罪与电子取证研究/蒋平主编. --北京：社会科学文献出版社，2018.1
ISBN 978－7－5201－1739－5

Ⅰ.①计… Ⅱ.①蒋… Ⅲ.①计算机犯罪－证据－数据收集－研究 Ⅳ.①D918

中国版本图书馆CIP数据核字(2017)第273134号

计算机犯罪与电子取证研究

主　　编／蒋　平
副 主 编／陆　娟

出 版 人／谢寿光
项目统筹／许春山
责任编辑／王珊珊

出　　版／社会科学文献出版社·教育分社(010)59367278
　　　　　地址：北京市北三环中路甲29号院华龙大厦　邮编：100029
　　　　　网址：www.ssap.com.cn
发　　行／市场营销中心 (010)59367081　59367018
印　　装／北京季蜂印刷有限公司

规　　格／开　本：787mm×1092mm　1/16
　　　　　印　张：14.5　字　数：182千字
版　　次／2018年1月第1版　2018年1月第1次印刷
书　　号／ISBN 978－7－5201－1739－5
定　　价／42.00元

本书如有印装质量问题，请与读者服务中心(010－59367028)联系

▲ 版权所有 翻印必究